陕西改革开放口述史

刘玉平　主编

中共党史出版社

图书在版编目（CIP）数据

陕西改革开放口述史 / 刘玉平主编 . -- 北京 : 中共党史出版社 , 2018.12

(改革开放口述史丛书)

ISBN 978-7-5098-4933-0

Ⅰ . ①陕… Ⅱ . ①刘… Ⅲ . ①改革开放—历史—陕西 Ⅳ . ① D619.41

中国版本图书馆 CIP 数据核字 (2018) 第 270332 号

出版发行：中共党史出版社
责任编辑：王媛
复　　审：吴江
终　　审：汪晓军
责任校对：龚秀华
责任印制：谷智宇
责任监制：贺冬英
社　　址：北京市海淀区芙蓉里南街 6 号院 1 号楼
邮　　编：100080
网　　址：www.dscbs.com
经　　销：新华书店
印　　刷：北京盛通印刷股份有限公司
开　　本：170mm × 240mm　1/16
字　　数：139 千字
印　　张：9.5
印　　数：1—2050 册
版　　次：2018 年 12 月第 1 版
印　　次：2018 年 12 月第 1 次印刷

ISBN 978-7-5098-4933-0

定　　价：23.00 元

目　录

我在渭南工作期间印象深刻的两件事情

李天文

1963 年大学毕业后，我在渭南地区工作了 33 年。1988 年 8 月至 1996 年 4 月，我先后任渭南地委、渭南市委书记。在省委的关心、领导下，在同志们的支持、帮助下，根据渭南地处三门峡库区、工业相对滞后、财政相对困难的区情，在工作中，我秉持“政治上抓勤政、经济上抓财政、作风上抓廉政”的理念，在渭南党的思想作风建设和经济发展方面，做了一些自己应该做的工作，取得了一些成绩，这完全归功于党的培养和教育以及人民群众的大力支持。

我在任渭南地（市）委书记期间，有两件事情印象深刻：一是在党的建设方面，从严治党，加强党的领导班子思想作风建设，推进党风廉政建设，率先推行关于县处级以上领导干部个人重大问题请示报告制度；二是在经济协调发展方面，积极开展横向经济联合，加强与外市的经济技术合作，与福州市结为友好城市，互派交流挂职干部，积极开展全方位的经济技术协作。

率先推行县处级以上领导干部个人重大问题请示报告制度

1990年，党中央要求进一步加强党的思想作风建设，为全面认真贯彻落实中央和省委关于加强党的思想作风建设的指示精神，1991年八九月份，地委抽调纪委、组织部和地委办等部门相关同志组成三个调研组，分别由我和时任地委副书记的智敏以及纪委书记、组织部长带队，就加强党的思想作风建设开展了为期一个月的调查研究。渭南地委于同年10月4日至6日召开了全区领导班子思想作风建设座谈会，研究如何适应反腐败和建设有中国特色社会主义的需要，大力推进领导班子的思想作风建设的问题。地委副书记智敏作了题为《加强领导班子思想作风建设，保证领导权掌握在忠于马克思主义的人手里》的报告。会议讨论并通过了渭南地委《关于加强县级领导班子思想作风建设的决定》和渭南地委《关于县处级以上领导干部个人重大问题请示报告制度》等重要文件，省委副书记支益民到会指导并作了重要讲话，我作了总结报告。同年10月25日，渭南地委下发《关于加强县级领导班子思想作风建设的决定》和渭南地委《关于县处级以上领导干部个人重大问题请示报告制度》。

渭南地委《关于县处级以上领导干部个人重大问题请示报告制度》中明确规定：全区县处级党政群机关、企事业单位领导班子成员和在职未担任领导职位的县处级干部，就个人及子女在城镇修建、出租、买卖私房；家属、子女户口农转非；子女参军、安排和调动工作，以及执行计划生育政策和操办婚丧事项等重大问题，必须要提前向党组织请示报告，以接受组织和群众监督。

在渭南地委推行县处级以上领导干部个人重大问题请示报告制度前，不少干部在子女招工、招干、征兵、建房、计划生育、婚丧嫁娶等个人“私事”处理上以权谋私，成为群众反映强烈的“热点”、“敏感点”和焦点。

县处级以上领导干部个人重大问题请示报告制度实施以来，在社会上引起了良好的反响，在干部中产生了积极的作用。一是增强了干部的组织纪律观念和自我约束能力。不少领导干部反映，现在办理个人私事，更多地要想到政策、组织纪律。办事不符合政策要求，或没有向组织请示报告，心里就放不下。二是密切了干群关系，促进了廉政建设，提高了党在人民群众中的威信。当时，县处级干部在城镇违法建私房的问题基本制止了，节俭办婚丧嫁娶已初步形成风气，其他问题也有明显改进。三是发挥了各级党组织的监督职能和齐抓共管的作用。为保证这项制度的落实，全区建立了上下结合、一级抓一级的责任制，组成了由组织、纪检、监察部门参加的审批机构。既加强了所在基层党组织的监督、领导班子内部监督、上级党委的监督，又充分发挥了纪检、监察、组织、人事、城建、计划生育等有关职能部门的监督和管理职能。

渭南地委率先实行县处级以上领导干部个人重大问题请示报告制度的做法，引起了省委的高度重视，时任省委书记张勃兴及时作出批示，要求迅速在全省借鉴和推广渭南地委的做法、经验。1992 年 3 月 26 日至 29 日，全省纪检工作会议在渭南地区华阴市召开，会议总结交流了全省近年纪检工作经验，讨论研究了新形势下纪检组织如何更好地为改革开放和经济建设服务的问题，时任省委常委、省纪委书记李焕政，省委常委、省委组织部长刘揆楚参加了会议。我代表渭南地委在会上介绍了《关于县处级以上领导干部个人重大问题请示报告制度》出台前的调研情况、请示报告制度的内容、推出后的效果和经验，引起了与会代表的热烈反响，省委领导明确要求在全省推广渭南的做法和经验，还及时将渭南《关于县处级以上领导干部个人重大问题请示报告制度》上报中央。

渭南地委实行县处级以上领导干部个人重大问题请示报告制度的做法和经验，引起了时任中央政治局常委胡锦涛同志的高度重视，当时正值中央准备召开全国组织工作会议前夕，胡锦涛同志专门作出批示，让渭南地委主要负责同志参加全国组织工作会议，并专题介绍渭南地委实行县处级以上领导干部个人重大问题请示报告制度的做法和经验。1992

年7月下旬，全国组织工作会议在北京举行。我有幸参加了这次会议，当我在西北区小组会上介绍做法和经验后，胡锦涛同志肯定地说："陕西渭南的领导干部个人重大问题向组织请示报告制度，是个很好的尝试，这个做法值得借鉴。只要坚持做下去，就是一个良好的开端。"紧接着召开大会，大会扩大到中央和国家部委主要负责同志参加，江泽民、胡锦涛、尉健行等中央领导同志出席，就在这次大会上由几个省、市的负责同志发言，我作为唯一的地级党委的代表也作了大会发言。在大会发言后，江泽民同志发表了《努力把我们党建设好》的重要讲话。他在讲话中也充分肯定了各地的做法和经验。

同年9月8日至9日，渭南地委召开了全区组织工作会议，传达全国组织工作会议和全省组织工作会议精神，研究全区贯彻落实意见，安排部署1993年县、乡两级领导班子换届选举工作，并研究落实进一步做好县处级领导干部个人重大问题报告制度的措施。

在中央和省委的大力倡导下，当时渭南地委推行的县处级以上领导干部个人重大问题请示报告制度成为新闻媒体集中关注的热点和焦点。1992年7月，《人民日报》以《访会议"编外代表"——中共渭南地委书记李天文》为题刊登了人民日报记者对我采访的文章，介绍了陕西省渭南地委加强党风廉政建设，大力推行县处级以上领导干部个人重大问题请示报告制度的做法和经验。1993年4月，中央电视台《焦点访谈》栏目组记者来到渭南市、区，深入社会各界，对渭南地委实行县处级以上领导干部个人重大问题请示报告制度的有关情况作了调研和采访，并对我和时任纪委书记陈智群等几位同志进行了专访，编了一期焦点访谈节目，在中央电视台播出，引起了社会各界的关注。

关于渭南地区和福州市结为友好地市的回忆

1991年11月，我参加了由时任省委书记张勃兴、省委常委、省纪委书记李焕政、副省长刘春茂率领的有关厅局负责人和各地市书记组成的陕西党政考察学习团赴上海、福建学习考察的活动。

在福建省福州市学习考察期间，时任福建省委常委、福州市委书记的习近平同志热情而全面地向我们介绍了福州市经济社会发展的有关情况，特别是福州市有众多台胞和侨乡的经济发展的优势，我也客观地介绍了渭南地区目前经济发展的有关情况，并真诚地表达了渭南愿与福州加强经济横向联合、共同推进两市经济社会发展的意愿。习近平同志当即表示，福州市愿与渭南结为友好城市，加强横向经济联合，共同促进两地市经济社会发展。很快，在陕西党政学习考察团全体成员和时任福建省委书记陈光毅、副书记贾庆林等领导同志的见证下，渭南地区和福州市签署了结为友好城市的意向书。

随后，渭南地区和福州市有关部门立即进行了相关的筹划和推进工作。不久，福州市领导同志也率代表团来到渭南多地开展多方位的访问考察活动，两市代表就充分发挥各自优势，取长补短，全方位开展横向经济联合进行了积极、深入的对接和洽谈，取得了满意的成效。

1992 年 7 月 13 日至 20 日，按照双方约定，又在中国扶贫基金会副会长何载的力促和推荐下，我带领地区有关部门领导以及富平和蒲城两县的负责人，赴福州市暨闽侯县、长乐县（后改为长乐市）等地进行经济联合合作洽谈，受到了习近平等同志的热情接待，取得了很好的成果。主要有：渭南与福州市草签了结为友好城市的协定；正式签署了富平县与闽侯县、蒲城县与长乐县（市）结为友好县的协定；确定了富平与闽侯、蒲城与长乐（1993 年至 1995 年）互派干部、交流挂职副县长等干部交流任职事项；渭南和福州友好市、友好县之间共签约 40 个横向经济联合和经济技术合作项目，其中包括：联营联销、输出劳务、互设窗口、兴建希望小学、合作办厂；福州市暨闽侯县、长乐县利用已取得的外贸出口权为渭南地区外贸出口提供方便；福州市利用台乡、侨乡优势，为渭南地区经济发展牵线搭桥，协助渭南地区引进一批外商投资项目，承办一些福州无资源的项目等。

1992 年 10 月，党的十四大在北京召开，我作为陕西代表团的一员，有幸参加了党的十四大。很巧，大会组委会安排陕西代表团和福建代表团同住京西宾馆，习近平同志也是大会代表，因此，我们就两地经济社会发展和技术协作有了更多交谈的机会。习近平同志邀请我于当年12月上中旬，带团参加福州市举办的工艺美术节，并正式举行渭南和福州结为友好城市签约仪式。1992年12月7日至16日，应福州市邀请，我带领渭南地区党政代表团赴福州市参加工艺美术节，同时，我们也带去了渭南地区的工艺美术展品和项目参展，随后，正式签署了渭南和福州结为友好城市协议。

1993年9月9日至11日，时任福建省委常委、福州市委书记的习近平同志率领福州市党政代表团一行8人到渭南访问考察，先后在渭南经济开发区和蒲城、富平等县进行考察访问，并对渭南地区经济社会发展所取得的成绩给予充分肯定和高度评价。我和渭南地区行署专员王志伟，渭南地委副书记智敏、李希渊、高存德，渭南地区行署副专员贺桂梅等有关领导就全面促进两地市间经济合作、文化交流、民间往来等有关问题同习近平一行积极、认真、充分地交换了意见，共商两地市经济改革发展大计。习近平同志表示，福州市愿尽全力为渭南地区的经济社会全面发展提供窗口和便利，并希望在信息技术、人才交流等方面与渭南地区紧密合作。后来，渭南和福州两地市经济往来日益频繁，友好城市的关系更加紧密，有力推动了渭南地区改革开放和经济社会的快速发展。通过多次接触、交往和交谈，习近平同志给我留下了深刻的印象：他待人真诚、热情、富有激情、平和谦逊，思维敏捷、处事干练，使我深受教益。

1995年1月8日，陕西省人民政府通知，经国务院批准，撤销渭南地区，设立地级渭南市，实行市领导县体制。同年5月23日，庆祝地级渭南市成立大会在渭南隆重举行，标志着渭南的经济社会发展进入了一个新的时期，福州市作为友好城市也派代表参加了成立大会，并表示热烈祝贺。

回忆陕西商洛的扶贫攻坚战

刘维隆

商洛的贫困在全省乃至全国都是出了名的。1985 年年底全区共有 120 万贫困人口，占当时总人口的 60%，到 1996 年年底尚有 47 万贫困人口没有解决温饱，占全区总人口的 20%，比全省高出 10 个百分点，比全国高出 16 个百分点。不仅贫困面大，而且贫困程度深，下乡所见的一贫如洗之状，可以说是历历在目，绝非现在所能比拟。有两件事使我这个常年在贫困圈中转的人也忍不住背地落泪。一次是一位 70 多岁的盲老汉扑扑簌簌地摸着下乡领导的衣服，喃喃地念叨着："感谢政府，政府救我！"还有一次是在镇安的大山中见到的那对母子，年少的儿子常年瘫痪在床，全赖老母一人护养，而那位从坡上捡柴回来，形似灯干油尽的老太太，竟然不到 50 岁，他们的日子怎么能过下去呀？我的心情久久不能平静，感到身上的担子分外沉重。

"八七"攻坚计划要求 2000 年整体越过温饱线的目标怎么实现？扶贫工作如何深入，怎样才能做到扶持到户、真见成效？这些成为我们经常思索讨论的焦点问题。就在这个关键时刻，得到了中国社会科学院在丹凤县资峪乡进行孟加拉乡村银行小额信贷扶贫试验的信息，于是就有了自己三下丹凤调查研究的往事。

第一次是 1996 年 7 月，我与丹凤县委书记辛继先同志一道，不打招呼，直接到试验点实地考察。记得那天晚上“混”进中心小组的会议室，那是一间较大的农家厅房。听黄毅教授在昏暗的灯光下，为几十位小组成员——大部分是妇女，耐心讲解整贷零还、选好项目、联保机制等问题，气氛热烈，问答生动，非常具体，我们也受到了很大的感染。这样到户到人的扶贫，特别是资金运行的办法，让人感到切合实际有活力。

第二次是一周之后，我带着地区扶贫办的同志深入扶持对象家庭座谈访问，查看项目，查阅资料，参加周会活动。并且与徐鲜梅博士做了深入详细的交谈，基本摸清了“孟加拉模式”的原理、项目与资金运行的效益，增加了在全区推行的决心和信心。回来后即向地委和陈再生书记汇报，得到了充分肯定和大力支持，并要求我们要认真研究工作思路和政策问题。

8 月份，带着“如何在全区推广”的课题，我与相关同志一道，第三次深入试点乡村。召开了不同层次的座谈会，广泛征求了干部群众的意见，初步形成了借鉴“孟加拉模式”、推行扶贫经济合作社、实行扶贫到户的基本原则和思路。

我们的原则是，坚持基本原理，借鉴而不照搬，结合实际创新。“孟加拉模式”的核心机制是整贷零还、小组联保、组织互助，这个要坚持发扬光大。但是在运行体制上，必须从我们的国情区情出发，走自己的路。“孟加拉模式”产生于孟加拉的具体国情，为了防止政府权力与庄园主的干扰，保持自身的纯正与效益，采取纯粹的民间社团扶贫，实行高度自治，排除政府的参与和管理。而我们则是共产党领导的各级政府将扶贫作为自身的重大任务，在商洛更是以扶贫攻坚总揽大局，县乡政府、扶贫办乃至村级组织的中心工作便在于此。这是我们与“孟加拉模式”背景的最大不同，也是我们自己的最大优势。有了各级党政和扶贫部门的组织、协调、管理和监督，“孟加拉模式”的机制优势才能如虎添翼焕发出更大的创造能量，结出丰硕的果实。这是我与中国社会科学院的同志商讨中反复申明的最重要的观点，也是我们扶贫经济合作社的主要特色和最大推动力量。

为此，我们实行的是两条线管理，既有自下而上成立的包括社员小组、扶贫中心、扶贫分社、扶贫总社的农村合作经济组织，又有各级政府和扶贫部门的积极参与和管理。这样做既保证中央扶贫政策的有效贯彻和地方扶贫任务的如期完成，又保证民营民办机制的有效执行和社员积极性的发挥。同时资金由政府计划安排，国家政策性银行提供财政贴息，贫困户可享受低于商业银行贷款利率的优惠。特别是在政府的推动下，扶贫经济合作社实行项目与资金配套、服务与项目衔接。实行产前、产中、产后全程服务，为贫困户负责到底，突破了“孟加拉模式”以乡村银行运营、主要提供资金服务的局限，在扶贫成效上会产生叠加的效应。这一体制的创新，使我们看到了商洛扶贫的曙光，2000 年整体越过温饱线的目标有望实现了，它让我们兴奋不已，如饮甘醇。

经过认真准备，地委行署于 1996 年 10 月 29 日在丹凤县召开了扶贫到户现场会，总结推广试点经验，提出在全区推行扶贫经济合作社的思路与政策，要求七个县市各选一个乡、两个村扩大试点。地区农发行当即筹集 120 万元资金，用于开展乡村小额信贷的试点。干柴幸遇了烈火，一石激起了大浪。会后各县纷纷组织干部群众到丹凤参观、学习，培训自己的先遣队，拟订方案，立马动手。1997 年春节前，七县市全部成立了扶贫总社。3 月底，已将本年计划摘帽的 50 个重点乡的扶贫分社全都组建起来，进行了社团登记，与农发行签订了贷款协议。之后，又在面上的部分乡镇陆续组建了一批扶贫社。截至 6 月底，全区共 125 个乡镇、603 个村成立了扶贫社机构，通过干部调配和社会招聘，组建了 300 多人的专干队伍，组建中心 1800 多个、小组 9300 多个，拥有社员 51 万户。这在商洛的扶贫史上是前所未有的，在全省和全国也是空前的。

没有农民群众的热烈欢迎，没有各级党政的全力推动，没有扎实苦干的奋斗精神，这种局面是绝对不会自动到来的。每思至此，我的内心都会涌出一阵阵情不自禁的钦佩与感动。贫困是商洛的死对头，我们做梦都想着要把贫穷的帽子抛到太平洋中去。可它也是磨砺意志、培育精神的试金石，商洛的干部群众硬是在大山深处艰苦卓绝，拔地而起，奏响了一曲曲时代精神的凯歌。

多年以后，当我与当年的扶贫骨干相聚时，仍能听到他们津津乐道扶贫社、朗朗上口着扶贫口诀，一起回味着当年那段激动人心的扶贫时光。贫而有志，穷则思变，扶贫在这个意义上确是一笔财富，一笔精神的财富。在商洛精神的感染下，我为自己的工作许下定位：与穷结伴，为穷而战，做一名合格的扶贫骨干。

经过半年时间，洛南县的创新发展走在了全区的前面。他们在1996年年底到1997年年初在高耀乡两个村的试点中，按照地区的思路，结合自身实际，将双线管理系统化、规范化，加强了政府的协调支持，突出了项目的配套服务。并且在扶贫社的管理上能依据山区实际，简化手续，方便群众，加大宣传，深入动员，不长时间就组建了22个乡镇扶贫分社，投放小额信贷1200多万元，成为全区扶贫到户工作的又一典型。当时，我们几次到洛南，看到小组联保，项目配套，乡村服务，气象更新。村上刘长青老支书自编的快板，讲的是小额信贷让懒人变勤，帮勤人致富，互帮互助，全村和睦，尤为生动，流传甚广。

地区于1997年5月在洛南召开了第二次扶贫到户现场会，总结推广洛南双线管理的经验，加大党政协调的工作力度。在广泛听取县市和各方面意见的基础上，制定了全区扶贫合作社的示范章程、账务管理办法、工作人员守则、社员守则，以及人事、财务、信贷等方面的管理制度。对整贷零还、小组联保、中心会议的形式、资金投放回收、与银行之间的借贷手续都作了具体规定。

在各级政府和银行的支持帮助下，全区扶贫社小额信贷迅速发展，到1998年年底，成立扶贫分社200个、扶贫中心4430个、联保小组21923个，通过扶贫社承贷承还向贫困户投放资金1.2亿元，扶持贫困户13.6万户，扶贫到户小额信贷已形成燎原之势，商洛的脱贫进程日见加快。

尤为可感的是，扶贫社一经诞生，就受到了省领导的关切与支持。省农发行系统全力配合，提供了宝贵的信贷资源，帮助扶贫社加强资金管理。中央扶贫领导小组领导，于1997年9月专程来商调研。他讲，走了十几个省，这里情况最好，以扶贫社为载体，解决了扶贫到户的难题，并且总结了“五个最”：扶贫效率最好，以实体带户一万元带两户，这里则是1万元带10户；经济效益最佳，投入产出1∶1，哪个企业也比不上；还款率最高，过去的方式资金呆滞的占五成，这里的还款率都在90%以上；覆盖率最大，洛南是100%，而有的山区农民一分钱也没拿到，阳光雨露没洒到，体制办法不对头；周转最快，一年一转，周期最短。现在终于找到了这个好办法，应向全省全国推广。杨组长讲的话并非虚言，这些都有事实与数据为证。

商洛前十几年，贫困户贷款每户不到9元，而今一年便可拿到上千元，这该有多大的扶贫效应啊。

10月中旬，在商洛战斗过的中央部委老同志何载等“五老”来商考察，也讲扶贫社看后“名不虚传”，倍感欣慰。末了何老诵出一首打油诗：“青山未变人已老，唯有精神死不了。报到马公他不留，他说还是扶贫好！”是夜不眠，心不能静，我即和言四句：“权把昨日喜，看作今日忧，百姓有饥苦，应是我辈羞。”省委书记李建国专程到商洛来视察，召开七县市参加的扶贫工作座谈会，讲到扶贫工作的摆位问题，说抓好扶贫要记一等功。他说：这次所到之处、所进之户，众口一词夸赞小额信贷，扶贫社找到了好路子，扶贫力度比前几年更大更好，要求真务实抓上去。

11月3日，全省扶贫到户现场会在商洛召开，时隔一年，商洛的经验便在全省正式推广开了。为了争取追加扶贫资金，12月中旬我们驱车赶赴宁夏银川，专程到全国扶贫会议上向领导小组汇报工作，求得理解与支持。之后，我与地委副书记赵树斌同志专程到北京，又向国家扶贫办谈情况、求资金，得到了难能可贵的支持，商洛模式由此成为全国扶贫到户的一个典型。

1998年3月后，马仁照同志具体分管扶贫工作，在全区扶贫社工作与管理上倾注大量心血，付出了巨大努力。1998年下半年，开始酝酿第二次改革，并于1999年初联合制定了《商洛地区小额信贷扶贫到户管理办法》。从1999年开始，按照国家金融政策要求进行调整和完善，由党政部门、金融机构和扶贫社推行“三线”运行管理。按照国家金融政策规定，扶贫社并非金融机构，不再作为承贷放贷的主体，改由银行直贷到户，以便规避长期金融风险，部分解决扶贫社运作费用。扶贫社更多的精力用于自身和项目管理，使小额信贷管理体制与国家的金融政策接轨，做到规范化运作，保证扶贫到户健康发展。

1999年全区投放扶贫到户资金1.8亿元，清理收缴扶贫社承贷资金8000多万元，全区小额信贷总规模已达2.5亿元，覆盖贫困户14.9万户，占贫困户总数的97%，户均贷款额度达到1500元以上。累计扶持贫困人口6258万人，帮助41万人解决了温饱问题。

全区扶贫攻坚战，不仅是扶贫社小额信贷一种形式，它是综合性全方位的主体战役。扶贫开发与农村优势产业相结合，与调整农村产业结构，改善农村生产条件相结合，劳务输出产业的深入发展，特别是加快高寒赤贫山区移民搬迁的步伐，都为扶贫攻坚立下了汗马功劳。商洛作为灾害频发的山区，因灾致贫是扶贫攻坚的难题，商洛在救灾中借助移民搬迁的政策，为救灾与扶贫相结合提供了成功的经验。

让我至今不能忘怀的是1998年7月9日的大水灾。丹凤、商南两县局地突发特大暴雨，降雨量两小时即达1200毫米，突破世界纪录。当我们连夜出发，徒步几小时赶到丹凤县双槽村时，洪水肆虐，惨不忍睹，在河床边的大树梢上竟然挂着洪水冲来的衣衫、被罩，我举起手中2米长的木棍，才能够得上那些东西。半山腰的房屋田园一干二净，几十名群众死亡或失踪，真是灭顶之灾啊。当我们行至商南县试马镇时，河堤里竟一时间跪倒上百人，悲怆呼救不已，令人心痛如割。8月26日，商南又发大水，真是雪上加霜。我们即刻赶赴现场，查过县城灾情，重点布置县河水库堤岸防护之后，又赶往受灾最重的青山乡。

我在8月29日的日记中是这样写的："上午七时半出发，与周敏县长一起到青山乡白庙村七组即霸王沟查灾。一路上道路滑坡，蹚水三次，整沟水淹，树枝挂草，坡上房屋倒塌，有水冲痕迹，量则高达6米，据县气象局介绍，群众水缸高达484毫米溢流。及到死亡人数最多的受灾点，查知村支委程光明（49岁），平时照顾五保户，水来呼喊群众转移，将对岸的牛拦入自家圈，邻居一户招到自家避水，不幸邻家墙倒塌，自家房屋也塌，死亡 7 人，救出 1 人（12 岁），五保户失踪。新老支书均说程是好人，残墙亦见优秀党员奖状，见到其孤女，不禁泪下。回来途中，到程光明夫妇合墓前三鞠躬。在村口卫生所见到受伤学童，心痛不已，遂与周敏县长，带孩子回县上治病。”眼见几次大水灾情如此惨重，救灾如救火，当有好对策。根据当时的情况，各项救济政策用尽，资金补偿可是个命根子，按民政标准倒房一间补偿 300 元，一夜之间沦为赤贫的灾民如何建得了房、安得了家？我们与县上同志一道苦思对策：与其因灾致贫，不如救灾扶贫，用移民搬迁的政策，每间房屋补助 1500 元。尽管这个标准比起十年后汶川地震的标准不抵其零头，但在当时却能发挥双倍效用，老百姓直呼感谢加万岁，县乡干部救灾心中也有了底。时任副省长的张伟同志懂得商洛的苦情苦心，破例批准了我们的要求，而这一改变振奋了民心，提高了救灾效率。时隔两个多月，我重返现场查看救灾，看到和听到的尽是开石凿岩挖基建房的景象。多么坚韧顽强的商洛人民啊，灾害从来压不倒你们，有点阳光就会生长。之后，据说省上也调整政策将救灾与扶贫（移民搬迁）结合起来，2000 年 8 月的渭南水灾，丰富发展了这一政策，取得了很好的效益。

从推行扶贫到户的 1996 年算起，到 2000 年，整整五个年头，在省委、省政府的领导下，商洛历经三位地委书记，从陈再生同志、张伟同志到李元虎同志，他们一任接着一任干，将扶贫攻坚当作总揽全局的头等大事，在全区干部群众富有创造性的奋斗中，商洛扶贫工作取得了令人瞩目的成绩。2000 年 1 月，省政府在商洛召开扶贫开发工作会议，总结经验，推动工作。当年 4 月至 6 月，国务院扶贫办与中国农业银行总行在商洛地区先后举办三期小额信贷培训班，研究学习商洛小额信贷规范化管理的做法，探讨加快小额信贷推广的政策措施，来自全国 22 个省、自治区及其相关地市、州的负责人共 400 人参加了培训。

2000 年年鉴显示当年完成投放扶贫资金 15 亿元，累计投放到户资金 3.77 亿元，提前完成省政府下达的三年移民搬迁 54501 人的任务，如期完成丹凤、山阳、柞水三县 6 万贫困人口基本解决温饱问题的任务。经过省上检查验收，全民整体越过温饱线的扶贫攻坚目标基本实现。这是一个历史性的标志，商山已经摆脱了绝对贫困，实现了几辈人的夙愿，现在可以甩开膀子向着更高的目标迈进了。

（牛金鹏　整理）

西安市政协积极为黑河引水工程献计出力

苗禾田

20世纪70年代，水资源匮乏是制约西安经济发展和影响人民生活的严重问题。80年代，市政府决定修建黑河引水工程，得到全市人民的拥护，西安市政协也十分关注。为搞好黑河引水工程建设，1990年以来，市政协领导和部分委员，调查研究。据实力争，殚精竭虑，奔走呼吁，先后向中央有关部门和省、市政府报出建议材料40多份，提出大量科学可行的意见建议，引起有关领导和部门的高度重视，有力地促进了黑河引水工程的建设。

一、调查研究，发现问题

20世纪80年代，随着城市建设的发展和人口的增多，西安已成为全国最缺水的城市之一。解放40多年以来，尽管西安已建设了四期供水工程，日供水量已达到67万吨，但城市供水一直处于紧张状态。特别是改革开放以来，城市用水供需矛盾日趋尖锐，日缺水40多万吨，缺水面积多达77平方公里，人口90万以上。每年夏季用水高峰期，全市断水区域面积 13 平方公里，人口 24 万，居民出门找水的人数多达 30 万以上。市政府即使调动几十辆大罐车送水，也难以解决所有群众缺水的燃眉之急。为了保证市民日常生活，不得不对工业实行限水，不少工厂不得不限产、停产甚至歇业，造成一定的经济损失。

西安城市供水绝大部分是开采地下水源，实际开采量已超过合理开采量的两倍，从而带来了严重后果。城区地下水位急剧下降了 20 米至 80 米，部分水源已经枯竭；市区地面沉降量超过 300 毫米的区域面积已接近 100 平方公里，大雁塔已下沉 1340 毫米，向西北倾斜 1000 毫米，钟楼已累计下沉近 400 毫米；市区地裂缝加速发展，市区内 10 条活动性地裂缝总长度已达 55 公里，而且还向外延伸。沿途两千幢建筑物有的坍塌拆除，有的地基下陷，墙体开裂，直接经济损失已逾 3000 万元，年均损失 300 多万元；因缺水使西安的年工业产值减少 1 亿元以上。大面积地表下陷和地裂缝活动，引起煤气管道爆裂，酿成火灾，停止供气。供水管道断裂，停水事故接连发生，致使污水倒灌，水源污染，有毒有害物质大幅度超标。

因此，开发新的地面水源，保障人民生活，为西安市经济社会发展提供必不可少的基本条件，已是刻不容缓的问题。省政府于 1980 年请求国务院开发黑河水源。西安市政府适时采取措施开始建设黑河引水工程。

1990 年 8 月，地处长安县的石砭峪水库修复，向西安市区供水。8 月 30 日市政府在石砭峪水库召开了黑河工程第一阶段通水典礼暨第二阶段工程誓师大会。大会由西安市市长袁正中主持，中央电视台，省、市各大新闻媒体都作了报道，并说明此工程向西安市区日供水量可达 8 万吨。全市人民对此都十分关注。市政协委员也十分关注。

9 月 27 日，石砭峪水库向西安市区通水 27 天后，市政协组织委员进行了视察。委员们到达石砭峪水库后，发现库水已见底，并无存水。水库职工向委员反映，报纸上宣传的可每日向西安市区供水 8 万吨，只是根据长安县有关部门提供的设计资料报道的。他们说，石砭峪水库虽经过修复，却仍然是个病库，规定库容水面不能高过

700 米，所以每年向西安市区供 3000 万吨水，即每日 8 万吨，根本无法保证。

委员视察后，感到问题严重，市政协决定再邀请部分委员和省、市水利专家进行调查。于是，市政协召集张文集、姜维斌、胡景初等委员并邀请陕西省水电局总工和西安冶金建筑学院水利学教授一行十几人，到石砭峪水库进行了调研。在听取了市政府黑河指挥部的全面情况汇报后，一致认为：石砭峪水库是座病库，依靠它向西安市区日供水 8 万吨指标难以落实；对石砭峪水库的泄洪洞维修后，虽然可以提高蓄水位到 728 米，但每年仅靠此库向西安市区供水 3000 万吨恐无法保证；黑河指挥部提出的依靠秦岭各峪口径流向西安市区日供水 40 万吨的计划不现实，因这些径流都是季节性河流，而峪口又没有储水设施。因此，委员们建议，对黑河引水工程，国务院应尽快立项建设，以缓解西安的水荒。

二、奔走呼吁，督促立项

黑河引水工程要全面建设，必须要经过国家计委立项，并经国务院批准同意。1991 年 3 月，全国政协即将召开七届四次会议，能否通过全国政协委员在全国政协七届四次会议上提出提案，促成黑河引水工程立案，这就成了市政协一些委员的愿望。1991 年 2 月，市政协副主席杨春祥，走访了陕西省政协副主席董继昌和秘书长王志敏，向他们反映市政协委员关于黑河引水工程应尽快立项建设的意见。以后，又走访了范明和吴庆云副主席。因我要拟写市政协有关材料，有些走访也都参加了。省政协的领导听取了市政协的汇报意见后，完全赞同。杨春祥副主席又先后找了当时的西安市委书记程安东和市长崔林涛。他们也同意市政协的意见。于是，市政协组织撰写了向全国政协提交的提案稿，提请在陕的全国政协委员传阅。在陕西的全国政协委员准备集体出发赴京参加全国政协七届四次会议的前两天，省政协副主席范明，委托列席会议的市政协副主席杨春祥，在人民大厦召开的预备会上，向大家介绍了提案的关情况，引起了强烈反响。他们同意向全国政协提出提案，纷纷在提案上签名。

在全国政协七届四次会议上。该提案作为大会书面发言，印发全体委员。市政协副主席杨春祥还在列席人员小组会议上发了言，大会简报予以刊登。因此，该问题引起中央有关负责同志的关注。会议期间，程安东和陕西省长白清才为此找了全国政协副主席钱正英。钱正英说，她看到了提案和简报，认为建议很好，并表示会后专门去陕西考察。程安东叫杨春祥副主席会后立即回去准备汇报事宜。

三、科学论证，建议先把石头河库水引入西安

在争取黑河引水工程立项的同时，考虑到如果黑河引水工程立了项，大坝建成也需要近 10 年时间。在这个期间为缓解西安水荒，原西安水电设计院总工程师张文集委员提出可以将宝鸡地区的石头河水库的水先期引入西安。

1990 年初，张文集委员将他的建议向杨春祥副主席作了汇报。杨主席叫我协助张老把这个建议整理出来，上报市委、市政府。主要内容有：

（一）石头河水库水量可靠。该库库容 1.25 亿立方米，年调节水量 2.7 亿吨，多年来的实践证明，最多可调节到 4.08 亿吨。由当前补给渭河南北两岸农田 100 多万亩的灌溉用水中，每年可调出 1 亿吨（每日 30 万吨左右）的水量支援西安。

（二）向西安引水施工容易见效快。石头河水库早已全部竣工，距离黑河水库库址以西 50 公里左右，而且在眉县境内用于沿山灌溉的东干渠渠道大部分可以利用。如果在引黑工程的引水渠道打通后，再向西延伸 20 公里，就可将石头河水立即引进西安。

（三）不影响黑河大坝施工，且投资少。先期引进石头河库水，既

可缓解西安水荒，又可同时筹备修建黑河大坝，而且引石工程估算花费5000万—6000万元即可，不影响黑河大坝的筹建。

我在此基础上，编写了两期《送阅件》，经有关领导审批后，报送市委、市政府。《送阅件》报出后，很快得到反馈。一是市政府有关领导同志担心，在申请黑河引水工程国家立项的同时，提出石头河引水问题，会不会影响黑河引水工程立项审批。二是省上有的领导同志根据省水利厅关于《关中西部重点水利工程联网》的意见认为："从全省水利工程布局看，引石头河库水到西安问题很多"，并说："钱正英副主席也基本只同意引黑方案"。还说："省计委、水利厅及西安市领导均不同意引石头河库水方案"。

针对上述问题，市政协召集部分委员和专家进行了多次座谈和论证。他们认为，省水利厅《关中西部重点水利工程联网》关于"石头河水库除满足岐眉灌区27万亩灌溉用水（1.17亿立方米）及向宝鸡峡源下灌区补水1.12立方米外，尚有余水1.52亿立方米，建议能解决宝鸡市部分缺水问题"的说法，与实际情况有距离。一是石河水库是1982年修建的，调节水量为3.81亿立方米，准备2000年以后规划用水。但在岐眉灌区，现有小型流域汤惠渠、解放渠、霸王河渠、大镇河渠、泥惠渠和大批机井，且地下潜水埋深仅为1—10米，山前洪积扇半径为5—30米等均未发挥作用。因此，原设计的灌溉定额水每亩530吨，保证率100%，可以降低到每亩用水380—400吨。所以从岐眉灌区27万亩中调剂出1亿立方米水给西安是完全可能的。二是宝鸡渭北灌溉用水可以另辟他途。省水利厅原规划过渭北给塬下灌区91万亩补水问题，若能改大水漫灌为科学节水，沿北塬南坡干渠向下自流喷灌，沿渭河北岸用沙壤井灌等，都具有优越条件。特别是如在宝鸡峡引水大坝上加设闸门，肯定要比引石头河水过渭河投资少，施工易，引水量大。三是至于由石头河向宝鸡市区引水，在地形上是由低向高处引，而且距离不下70公里，还要穿过渭河。况且宝鸡市近郊的冯家山水库已建成，库水没有完全利用，在17年中共弃水52亿立方米以上。因此，省上若能稍加调整规划，由石头河水库给西安供水每日70万吨以上，不仅完全有可能，而且是两利的。引石头河库水进西安是否会影响和代替黑河引水工程，委员们也一致给予否定。一是引石头河库水进西安可用明渠，投资少，工期短，不会影响黑河引水工程的建设；二是引石头河库水进西安，可以补黑河引水工程之不足，既在黑河大坝建成前缓解西安的水荒，又可保证西安以后发展对水资源的需要。黑河引水工程立项与引石头河库水进西安，对西安这样的大城市来说是两者不可缺一，引石头河库水工程完全可以纳入黑河引水工程中去。

四、积极反映，促进工程建设进一步完善

1991 年 4 月全国政协七届四次会议结束后，4 月 8 日，全国政协副主席钱正英在副省长王双锡和省政协副主席吴庆云的陪同下，到西安市政协视察工作并听取对黑河引水工程建设的意见建议。我有幸随同市政协领导参加了这次会议。会上，杨春祥副主席汇报了关于黑河引水工程立项问题，同时建议将石头河库水引进西安，并将该工程列入黑河引水工程，一并进行。钱正英副主席肯定了市政协关于黑河引水工程的建议，并关切地询问了有关问题。当汇报中提到西安因缺水，现有的 550 个地下深水井日夜抽水，造成地下承压水下降了 20—80 米，致使城市地面下沉，地裂缝加大，大雁塔倾斜时，引起了钱正英副主席的高度重视。她指出，在全国缺水城市中，西安是最严重的，并明确提出："要抢救西安"。

随后，钱正英副主席在省、市领导的陪同下，先后考察了黑河引水工程工地和石头河水库，听取了有关专家的汇报。她明确指出：西安市政协的意见是对的，引石头河水库水进西安，对西安市近期或远期都是急需的，而对宝鸡、咸阳不是紧迫的，建议先引石头河水以"抢救西安"。6 月下旬曾任西安市委书记、水电部副部长的中顾委委员王林同志也到西安考察，他也说："我认为，石头河水源作为黑河引水工程建成之后的西安后备水源，不失为一种有战略眼光的考虑"。

根据钱正英副主席的建议，1991 年 7 月 5 日，国家水利部、黄河

水利委员会30多位专家来西安审研黑河引水工程设计方案后，以技术合理、投入合理为由提出“由石头河调往渭北的1.12亿立方米（即每日30.69万立方米）的农灌水中调剂给西安基本供水每年6300万立方米，即日供17.26万立方米，伺机可供9500万立方米，即每日供26万立方米”的初步方案。紧接着，水利部规划总院总工兼副院长朱承中与司长施志明等8人来西安审研黑河引水工程，基本同意专家组的意见。这些都足以证明在黑河引水工程中，先引石头河库水的重要性和紧迫感。

根据以上情况，钱正英副主席给国务院副总理邹家华写信建议召开会议专门研究西安城市供水问题。1991年8月27日下午，由邹家华副总理主持，召开了西安城市供水工作会议。会议决定：西安黑河引水工程由国家计委立项；将石头河水两年内引进西安；石头河库水日供西安50万吨；石头河库水入进西安后，城区地下深井要部分关闭。黑河引水工程国家立项了，石头河库水也决定要引进西安。但西安市政协为黑河引水工程建设发挥民主监督作用，继续献计献策的工作并没有结束。

五、继续努力，为建设好引水工程尽力

国务院研究西安城市供水问题会议结束后，有关文件很快下达，要求将石头河水两年内引进西安，日供西安50万吨。但有关部门持不同意见。

1992年5月，全国政协副主席钱正英第二次来西安视察引水工程。当时已年近80岁的市政协委员张文集正在医院住院不能下床，他将自己关于尽快将石头河水引进西安，并加大流量的意见口述下来，让老伴记录后，派女婿送往在人民大厦下榻的钱老处。钱正英副主席高度评价了张文集关注西安用水的责任心，认为张老的意见和建议是正确的，她将向有关部门转告。

根据市政协委员们的建议，钱正英副主席指出：石头河水库东干渠七支渠至黑河段的渠道设计能力，应适量扩大，为西安多供水留有余地。这样，经省政府领导同意，引石头河库水渠道汤峪河渡槽以东至黑峪口渠道每秒以6立方米设计，以7立方米校正。于是，1993年11月，引石头河库水输水渠道按每秒6至7立方米的流量设计的工程终于于1993年11月开工。

经过多年的努力，1995年6月1日，石头河西安供水工程终于完工。6月28日，省、市政府在眉县汤峪镇隆重举行了石头河西安供水工程通水典礼，石头河库水在黑河大坝建成前终于流进西安，使西安的“水荒”基本得到解除。

六、市政协对黑河引水工程的贡献将永记史册

从1990年到1996年，西安市政协一直关注着西安黑河引水工程的建设。不论是黑河引水工程国家立项，还是将石头河库水引进西安，市政协都作了大量的工作，付出了辛勤的劳动。尤其是市政协历届委员中的水利专家，包括政协邀请的非政协委员的专家教授，都为此贡献了自己的才智。当时，不少委员已经退休，有的已是耄耋之年，但他们不辞辛苦，深入调研，查阅资料，分析论证，利用自己从事水利工作多年的丰富经验，提出了许多宝贵的有益的意见建议。当时，年近70岁的杨春祥副主席，十分关心黑河引水工程的建设，多次组织委员视察调研，针对存在的困难和问题，多次向市委、市政府建议。原西安水电设计院总工程师张文集委员，当时年近80高龄，不顾身体有病，为黑河引水工程的立项和完善，先后向市政协提出了20多份提案，并亲自撰写了42份材料，其中重要的还分送钱正英副主席和中央有关部委，以及省、市领导，引起重视和采纳。

实践证明，人民政协不愧是智囊团、人才库。西安市政协及委员个人对黑河引水工程提出的意见和建议，态度客观，论证科

学，观点正确，为促进黑河引水工程的建设，为全市人民尽快摆脱水荒的困境，发挥了重要的作用。它将永远铭记在西安发展的历史上，为西安市政协参政议政和西安的政治文明建设增添一道亮丽的色彩。

西安的扩大开放和经开区的创业

马振华

1963 年大学毕业后，我有幸成为国务院第一批通过考试而上学的研究生，这为我以后从事经济管理工作奠定了坚实的基础。1968 年我被分配到陕西工作，尽管当时条件很艰苦，但我们的工作热情都非常高、干劲都非常大。记得 1970 年，陕西合成洗涤剂厂筹备成立期间，我当时任设计组组长，我们大家日夜奋战，废寝忘食，从破土动工建厂房到生产出合格的洗衣粉，只用了短短的 69 天时间。这在当时非常轰动，《人民日报》以“多、快、好、省建设社会主义的先进典型”为题整版对此进行了报道。

1983 至 1997 年，我任西安市副市长，主要分管工业、交通、计划、外经外贸及经济技术开发区的工作。1997 年从副市长岗位离任后，又任经开区主任 5 年，先后担任领导职务 18 年，这 18 年，是西安市改革开放、开拓前进的 18 年，也是我和共事的同志们艰苦创业、奋力拼搏的 18 年。在西安工业经济发展的道路上，我只是一块铺路石。

分管工业的七年

1983年至1990年，我主要分管西安市的工业工作。应该说，西安的工业基础不错，那时还没有国民经济生产总值这个概念，主要是看工业生产总值。1983年到1990年，我市工业生产总值翻了两番，达到100多亿元。主要以纺织、化工、轻工、机电等行业为主。不过，那时计划经济还占主导地位，工业发展是以“政府掌控，市场调节”为主要模式，产品好、市场好就盈利，反之就亏损。虽然发展速度快，但交通、能源、资金跟不上，所以，我当时的主要工作，也是在怎样组织好生产、销售及原材料的供应等方面下功夫。那时基本上每周要召开一次由工业局、财政局、税务局和银行等部门共同参加的全市生产调度会，从水、电、煤、交通、资金、外汇多方面进行协调，以保证工业的正常、快速发展。政府进行管理，工厂只管生产，但却脱离市场。不管市场是否需要，能源是否平衡，是典型的计划经济粗放式的运行模式。其主要缺陷也就随着西安经济的发展实际显现出来，主要表现在：

1. 忽略技术改造。由于资金基本由政府统一分配，政府对各企业的资金投放量是“遍撒胡椒面”，企业就只能维持简单的再生产，不能集中力量上大的发展项目，搞重大的技术改造，即使有些技术改造，也因资金不到位，拖得时间过长而失去了市场，这样就制约了科技进步，是一个很大的缺憾。

2. 企业缺乏市场竞争力。现在用国内生产总值GDP来衡量经济发展的速度和质量是科学的，而当时尽管工业生产总值翻两番，生产发展速度快，但运行质量不高，发展粗放，产品科技含量小，随着国外、南方企业较高科技含量、物美价廉产品在市场大量投入，原先西安工业的一些名牌、畅销产品就受到了极大冲击，开始逐渐走下坡路。

3. 计划经济体制制约市场竞争。主要表现在企业生产盲目，市场变化大，即使出现亏损，也不存在破产这一说，政府帮助维持，给予财政补贴。尽管以后做了调整，逐渐“松绑”，但成效甚微，治标不治本，没有从根本上改变体制，给以后的工业发展也带来了困难。

这些问题，随着全国经济的发展就更加凸显出来，拉大了我们和沿海、沿江、沿边较为发达城市之间的距离。

扩大开放的起步阶段

西安的改革开放是从引进外资、建立三资企业开始的。20 世纪 90 年代以前，我市的招商引资还处于初级阶段。因为西安是内陆城市，相对沿海等地处于劣势，基本上是“小打小闹”。我记得最早是在解放路，有一个从香港引进资金而建立的冲洗彩色照片的小企业。

开始和外商合作，进行初步的技术改造，比较成功的工业企业是 90 年代初西电公司下属的高压开关厂和日本三菱机电的合作。由三菱公司出钱，共同开发出六氟化硫高压开关。由于技术先进，产品一改过去的大、笨、粗为小、巧、精，投放市场后深受大型变电站的欢迎，十分畅销。

引进设备和资金，通过技术改造，建立合资企业。如当时的黄河、海燕等彩电厂，就是买来日本元件进行组装。而主机、核心技术都是日本的，我们只是配角，没有自己的知识产权。一年全市创汇也就几千万美元。

应该说西安真正打开城门搞开放，大规模招商引资是从 1992 年开始的，而推动西安对外开放是 1992 年国务院批准我市为内陆开放城市和我市 1993 年在香港举行的经贸洽谈会。

1992 年的 7 月底，国务院发出通知，正式批准西安为我国内陆对外开放城市，对西安实行沿海开放城市的政策。西安市成为我国继沿海、沿江、沿边城市开放后第一批内陆对外开放城市。这一政策对西安的经济发展起了非常大的推动作用。同时也为西安以后建立经济技术开发区提供了保证。西安以此为契机，抓住机遇，迅速出台了《西安市实施开放城市开放政策的若干办法》、《西安市全民所有制工业企业转换经营机制的实施办法》等一系列相关政策，建立全方位对外开放的格局，大规模的招商引资就此蓬勃展开。

1993 年 5 月 31 日至 6 月 5 日，由时任西安市市长崔林涛同志带队，我也参加的西安市赴港经贸洽谈会代表团在香港举办了“1993 年香港·中国西安对外经济技术贸易洽谈会”。这次洽谈会共签订利用外资项目 416 个，总投资 41.1 亿美元，引进外资 27.46 亿美元。这次洽谈会是非常成功，也极为隆重，其意义非常重大。一是这次洽谈会是我们西安改革开放以来，第一次在中国大陆以外组织的规模最大的一次经贸洽谈会，在香港引起了很大轰动，当时，香港的社会名流、工商界的十几个巨头包括全国政协常委、金利来集团董事长曾宪梓以及李嘉诚、李兆基等都亲自到场。二是这次洽谈会为外企、外商、香港市民认识西安，愿意到西安投资、发展、旅游提供了一个平台。此后，就有许多外资企业、港商源源不断地到西安洽谈。三是洽谈会的成功有力地促进了西安的经济发展，为西安以后的招商引资提供了宝贵的经验。四是洽谈会由于会前准备充分，会后跟踪服务及时、到位，不仅轰轰烈烈，而且扎扎实实，绝大部分引资项目都得以落实和实施。

香港经贸洽谈会的成功使我们更加振奋，市上又先后组团到国外参观、学习、考察。我也率团出访韩国、日本和欧洲，和他们签订了一些合同，到号称世界最大的造船厂、钢铁厂、汽车制造厂去参观，对我们震动很大，的确开阔了眼界，看到了差距，解放了思想，真是受益匪浅。

这些重大举措把西安一下子推向国际，为西安招商引资进一步向欧、美、日、韩等国家和地区扩展奠定了良好的基础。西安市的改革开放在国家的优惠政策鼓舞激励下，走上了快速发展的道路。

政府在改革开放、招商引资等方面的重大举措，也得到了市人大常委会领导同志的高度重视，市人大专门召开会议，听取由我代表市政府所作的汇报，并对市政府的工作作了充分肯定，一致认为，西安的招商引资搞得有声有色，成果显著。

西安经济技术开发区的创业历程

西安成为内陆开放城市后，市上决定，由我领导组建经开区筹备处。当时条件非常艰苦，启动资金仅仅10万元人民币，这意味着买辆工作用车都不够。筹备处的同志们都是骑自行车上下班；没有办公场所，就先租了未央区政府招待所的五间房子，后因为招商不方便，又重新在公安部门的警犬基地租了一层楼。尽管这里地处荒郊野外，四周都是庄稼地，门前坑坑洼洼的，连一条像样的小路都没有，但总算有了临时的办公室，可以开始招商引资了。也就在如此艰难的条件下，我们群策群力，引凤筑巢，挖了“第一桶金”，引来两只“金凤凰”。

雅荷花园是第一个入驻经开区的项目，用地200亩，每亩30万元，根据协议，他们把二分之一也就是3000万元先打到经开区的账上，这样，我们就有了资金，用这“第一桶金”先修了现在的“凤城二路”。

引来的第一只金凤凰是美国的可口可乐公司。当时该公司已经在西安其他地方选好地址，我硬是把公司挖过来。但是，招来容易留住难。该公司提出，公司的首席代表要来看厂址，要在四个月达到水、电、路、气“四通一平”。以当时的情况要满足这些条件谈何容易？首先是公司首席代表来看厂址的路都没有，所谓的“地”还只是一片农民正在耕种的庄稼地，更别说水、电、路、气“四通”了。这和该公司原本选好建厂的地方相比，根本不能同日而语。怎么办？为了留住这只凤凰，我当机立断，采取临时措施，在警犬基地的东、西墙上打两个“洞门”，动用铲土机连夜在一片玉米地里开出了一条路，让厂商能通过东、西“洞门”，走在新开出的小路上（即现在的凤城二路），去看他们未来的厂址。

解决“四通一平”，首先要征地。征地工作遇到的最大难点就是涉及许多地上、地下的问题。这里是当地农民祖祖辈辈用以维系生活的土地，这里有他们安葬故人的坟茔。那时正值初秋，地里长出的嫩玉米都可以吃了，要在很短时间完成征地工作，难度可想而知。作为副市长，许多事情也需要我亲力亲为。我经常走进田间地头去解决问题。有一天，我看见一位老农蹲在地畔抱头痛哭，他的脚前堆着几十个刚从地里掰的玉米棒，这是一位非常朴实的老大爷，我知道他对征地想不通，于是我也就坐在他旁边，耐心地给他做工作。给他讲这里今后的发展规划；给他分析这里征地开发后带给当地人的实惠；给他保证他们应获得的补偿，给他展望他们的后代将在这里享有更多学习、就业机会的美好前景。老大爷听完后破涕为笑，高高兴兴地抱着玉米棒回去了……就这样，经过几十个日日夜夜的艰苦工作，征地工作终于得以顺利完成。

在解决水、电、路、气的问题上，我们经过反复研究，精心论证，科学分析，向对方提出了切实可行的方案：水和电在警犬基地拉管接线就地解决；路，尽早动工，加班加点，按期完成；气，则由可口可乐公司自己安装锅炉解决。经过100多天艰苦的工作，终于满足了可口可乐公司的全部要求，留住了这只金凤凰。

说起创业的这段经历真是终身难忘。那时，我和同志们基本上没有星期天，没有上、下班的概念，整天泡在现场办公，有时打着点滴还要坚持工作。思想包袱重，心理压力大。很长时间白天食不甘味，晚上夜不能寐。有天晚上睡不着觉，就爬起来给市委书记崔林涛写信，诉说工作的难处，崔书记及时批示鼓励支持我，又派人充实班子，给我减压。

可口可乐公司进入后，投资400多万美元，是经开区引进的第一个大项目，也是引进的第一家世界500强企业。这对经开区的发展及以后的招商引资，起到了重要的示范作用。

引来的第二只金凤凰是日本的三菱机电，它也是世界500强企业。经开区的招商，必须要把目标放在改革起步早、基础好、设备管理先进，同时又具有战略发展眼光的西安大企业，西电公司就具有这种实力。于是我就在未央路一个大厦租了一间会议室，召集西电公司10个厂长开会。在会上向他们大力宣传经开区的发展规划，优惠政策，美好远景；又带领他们实地参观。当时，凤城二路虽然还没完工，但已经通到正在修建的可口可乐公司门口，很有气势。我现场鼓动他们到经开区来办厂。曾和三菱机电合作开发六氟化硫开关的高压开关厂的丁厂长，他曾尝到合资的甜头，更重要的是他具有战略发展眼光，看到在这里发展的潜力，当即表态，把其中一个和日本三菱机电合资的工厂转移到经开区——这就引来了第二个世界500强企业。

这两个世界500强企业的进入，打开了西安经开区招商引资的道路，这条道路随着经开区的发展越走越宽。在三菱机电的带动下，西电公司下属的几个企业如西安开关厂等都陆陆续续在经开区建厂、投资。

到2001年我离任时，已引进13个世界500强的工业企业。发展速度连年在40%左右增长。从创业到离任十年间，由10万元人民币起步，没有在银行贷款一分钱，我们不但建了路，盖了房，不算固定资产，单单流动资金就达到2亿多元，保证了经开区工作健康、有序、持续、稳定发展。也使经开区职工的工作环境、生活条件得到较大改善。经开区的工作也得到国家领导和上级部门的充分肯定。时任中央政治局委员、国务院副总理的吴仪在视察西安经开区工作时说："西安经开区是全国唯一一家没有向银行贷款的开发区，也是规划超前，发展最快的开发区之一。"在西安一年一度的年度考核中，经开区年年被评为优秀等级，连续六年名列第一。2000年2月，国务院批准西安市经济技术开发区为国家级经济技术开发区，实行国家级经济技术开发区的相关政策，这给了我们极大的鼓舞，也是我们一直矢志不渝努力奋斗的结果。

总结经开区的成功经验，我们主要坚持了两条原则：

第一，坚持以引进高科技工业企业为主。为了提高科技水平，我们在国家提出的"以工业企业、三资企业、出口加工企业为主"的基础上，结合西安实际，又提出了"以引进高科技企业为主"这一条，我们大部分引进的是高科技企业。

第二，坚持"巢凤相成，滚动发展，高、大、名、洋，求真务实"十六字方针。"巢凤相成"——针对经开区创业的实际，我们没有资金筑"巢"，就先引"凤"；引来"凤"，再筑"巢"；而后再引"凤"，再筑"巢"，如此相辅相成，良性循环。"滚动发展"——根据资金、财力、物力情况，随着招商进度走。文景路就是个很好的例子，不到两千米长的路，我们分三次筑建。企业建到什么地方，路就通到什么地方。不仅没有向银行贷款，还保证了企业的需要和招商的速度。"高、大、名、洋”——高：高速度、高起点、高标准；大：大资金、大规模、大招商、招大商；名：著名企业、名牌企业；洋：国外、境外的资金、设备、管理经验。

这既是我们的建区理念，也是我们的发展思路，同时，也包含着招商引资的质量要求。事实证明，我们所走的路是一条成功之路。国务院专门为此发简报，作为经验推广。

西安经济体制改革的历程

朱宏凯

1986 年 7 月，我由市教育局党委书记的岗位调任刚刚由市政府办公厅体改办重新组建的独立的市体制改革委员会工作，市长袁正中兼任市体改委主任，我任党组书记、副主任，主持日常工作。过了一年多时间，由市长袁正中同志提议，经市委同意，市长不再兼任市体改委主任，由我任主任。市体改委既是一个新的政府工作部门，也是市委有关体制改革工作的办事机构，是一个全面设计和管理全市体制改革工作的专门机构。市体改委实行委员会制，吸收市级十几个有关部门的负责人为委员，还聘请有社会科学研究部门和大专院校的专家、学者参加，目的在于集思广益、听取各方面的意见，更好地把全市综合性全面体制改革规划设计好、各行各业体制改革的方案制定好、相互协调配套的实施办法与措施研究好，使全市各行各业方方面面在体制改革上思想认识一致、行动统一、达到预期目标。我在体改委工作的六年时间，主要抓了以下几个方面的工作。

一、建立西安体制改革研究会，发动和组织西安地区社会力量宣传体制改革、探索研究体制改革的新问题

改革是一场革命，改革任务的艰巨性决定了改革过程的曲折性、复杂性。改革就是冲破旧体制，建立新体制，它是一种前人没有做过的系统工程，单靠哪一方面的力量是不行的。我们在市委、市政府的统一领导下，提高思想认识，树立新观念，破除旧思想和落后的习俗，把各方面的力量组织起来，按照中央《关于经济体制改革的决定》、《关于政治体制改革的决定》以及有关各行业体制改革的决定，设计全市的总体改革规划，分别制定各行业体制改革的方案及其实施措施。西安是全国经济体制综合改革的试点城市之一，又是当时 9 个计划单列城市之一。西安不仅是陕西省的西安，而且也是全国的西安乃至世界的西安，要有大西安的观念，要考虑发挥西安大中心城市的功能与作用。为此，第一，我们有计划地培训从事体制改革工作的干部，提高体改干部的政治素质和理论水平。这是搞好体改工作的组织保证。几年里，在市委党校设体制改革培训班，分期分批比较系统地对市级各部门、各区县体改干部和大中型企业干部进行了轮训，比较系统地学习中央关于改革的理论、路线、方针、政策，学习国内外改革的成功经验，交流各行业的最新信息。我们邀请国家体改委副主任和理论宣传局局长先后来西安向全市局以上干部作《加快和深化经济体制全面改革》的报告，向与会同志通报国际国内改革形势，全面阐述我国改革成就，论述社会主义初级阶段的特点，从而不断加深对我国社会主义改革的科学理解，坚定不断深化改革的信心。第二，按年度提出改革研究课题，不定期组织理论研讨。体改研究会作为一个学术研究的群众团体，具有其组织上的先进性，联系上的广泛性，活动上的灵活性，研究成果的有效性以及智力层次较高等特点，它冲破地区、行政部门隶属界限，动员社会各方面精英

之才、贤达之士，把理论工作者与实际工作联系起来，专门从事改革专题的理论研究和实践探索活动，把西安地区得天独厚的人才优势发挥出来，为西安地区的改革服务。我们研究的步骤和方法是：采取立足当前，放眼长远，远近结合，突出预见性；虚实结合，突出应用性；要做到超前研究与应用研究相结合；对策研究与近期实用研究相结合，既要多成果又要保证质量。我们这些设想和计划都得到市委、市政府领导的重视和支持，市委书记和市长不仅出席会议，有的也提交论文或调查报告，特别应当提及的是《西安日报》、西安电台和电视台逢会必到场，及时报道研讨会活动情况和重要理论专稿的刊发。我作为西安市体改研究会的首任会长（离任市体改委工作后仍任名誉会长），作为历次体改研究会的组织者和主持人，我每次都提交相关的论文。在市体改委工作期间，先后见于报刊的论文有 20 多篇。在这一个时期我受聘陕西省和西安市党校客座教授，就改革各类专题授课达 30 多次，还曾向西安地区驻军作过多次体制改革专题报告。第三，创办市体制改革研究会会刊《西安体制改革研究》。通过刊物沟通西安内外改革信息，同国家体改研究会和全国各省市体改研究会加强业务联系，随时掌握体改研究的动态和最新成果，并把它及时传递给市级各部门和区县体改委（办）以及研究会的团体成员与个人会员。通过《西安体制改革研究》，宣传西安地区改革成果与经验，宣传体改研究会成员单位和会员个人的研究成果，探索改革的新思路，用科学的理论指导我们的改革，力争少走弯路，多出成果。第四，积极进行体制改革理论宣传，除通过报刊和电台、电视台宣讲体制改革的重要性和必要性外，还走向街头直接向群众解答关于体制改革的各种疑难问题。我们以市体改研究会和省体改研究会、省青年社会工作者协会的名义，组织西安交大经管学院、西北工业大学、西北财经学院等院校的理论工作者和省、市体改委工作人员 100 多人走上街头，设点接待过往群众上万人（次），回答、解释了群众提出的数百个问题。这一活动，受到了社会的关注与重视，使群众对体制改革存在的一些模糊认识和疑难问题，得到一些澄清与解答。通过这一活动，群众知道遇到有关体制改革疑难问题和政策咨询找哪里解答，进一步密切了省、市体改委和省、市体改研究会与人民群众的联系。第五，组织西安地区学者、专家和市体制改革系统的干部编写专著，积极向社会宣传体制改革。我们为了配合西安市委宣传部编写的《立国之本简论》出版，组织编写《强国之路浅说》，在引导人们以坚持四项基本原则，联系十年改革的实际，从理论与实践的结合上，对社会主义改革进行一次再认识、再提高。改革开放的实践告诉我们，它是摆脱落后、赶超世界先进水平的必由之路。我们编写了《古城巨变》，对西安十年改革开放进行了回顾与展望。这两本书，都是陕西人民出版社出版发行。我们还编写了《中国企业承包实践（西安分册）》，由中国改革出版社出版发行。年年都有我的论文被收集在中国改革出版社出版发行的《中国经济体制改革论文集》。我在市体改委工作期间，曾制定西安体制改革的综合规划，研究审定各行业分步实施的行业体制改革方案和区、县体制改革的方案。

二、在中央的统一部署下，分阶段进行城乡经济体制改革

我国城乡经济体制改革大体上经历了三个阶段。第一阶段，是从1978年12月党的十一届三中全会到1984年10月，重点是进行农村家庭联产承包责任制，改革农村一村一庄统一集中生产、经营、分配的“大锅饭”的经济体制，同时在城市进行以企业改革为中心的试点与探索。第二阶段，是从1984年党的十二届三中全会到1987年10月党的十三大召开，重点是进行城市经济体制改革，同时，深化农村的第二步改革。第三阶段，是党的十三大以后，政治体制改革被提到党的重要议事日程，同时，把经济体制改革与政治体制改革结合起来，我国进入政治、经济、科技、教育等体制全面配套改革的新时期。

西安市的城乡经济体制改革和全国一样分阶段进行。每年西安市以计划单列市和综合改革试点城市的身份同省级单位一起参加年度的体制改革工作会议，直接听取中央领导人的教诲，参与新的体制改革部署的

讨论，接受新的改革试点任务。在我的感觉中，每年一度的体改工作会议，就是一次对体改干部的短期培训。因为体制改革是适应中国特色社会变革过程的大革命，所有参与这场变革的组织者和建设者，都要边干边学，不断创新。在改革起步的第一阶段，西安就在郊区和县属农村全面推行了家庭联产承包责任制，在城市进行了 30 项改革试点，创造了开放搞活的新局面。在改革的第二阶段，西安作为综合改革试点城市，按照中央关于进行经济体制改革的决定和综合改革试点方案，以增强企业活力为中心环节，从微观经济机制到宏观经济管理体制改革全面展开。同时，开始了调整农村产业结构发展商品经济为重点的农村第二步改革。城市经济运行机制有了更多新的体制内容，经济调节和综合服务功能有了改善。当改革进入第三个阶段，1987 年党的第十三次代表大会以后，西安被列为全国新一轮综合配套改革试点城市。在市委、市政府的组织领导下，经过调查论证，认为西安市的实际情况和影响社会生产力发展的主要问题是：（1）按行政区域、行政系统管理经济，限制了中心城市多功能作用的充分发挥。城市的本能是集中，但因城市部门林立、条块分割，人为地割断了社会经济活动各个环节之间内在的密切联系，形成重复建设、重复生产，“大而全”、“小而全”，浪费极大，阻碍了技术进步和劳动效率的提高，极不适应社会化大生产的要求。（2）对工农业生产、基本建设、商品流转、社会事业发展等长期实行自上而下的指令性计划，管得过多过死，影响了广大干部和人民群众的积极性，束缚了生产力的发展。以工业生产为例，西安市 1978 年市属工业指令性计划指标达 559 种，也不可能把市属所有企业的产供销衔接起来，也不可能对不断变化的情况快速作出反应，而当时的政策，又不允许企业根据市场变化自行调整生产，往往使企业产供销脱节，造成社会劳动的巨大浪费。1978 年到 1979 年，市属工业约有 50% 的企业生产任务不到生产设备能力的一半，企业等着主管部门进行关、停、并、转，主管部门又不具有调整社会生产力的能力，只有等、拖、看，资源的总浪费只有国家承受，谁也不着急、不负责。（3）统收统支和急于求成的管理办法，不适应尽量少的消耗获取较好的效益和科学管理的要求。部门、企业经营的好坏，干部职工贡献大小，与自身利益关系不大、挂不起钩，缺乏改善经营管理和提高劳动效率的动力，企业吃国家的“大锅饭”，职工吃企业的“大锅饭”，社会经济活动与运作很大程度上缺乏大城市应有的活力。（4）党政机构精简调整、再扩大再精简，一次比一次机构增设，公务人员不断增加，人浮于事的状况越来越严重，社会服务的功能和水平不断下降。社会反映机关楼房越盖越多，门口越管越紧，老百姓办事越来越难，逐渐形成了“门难进、脸难看、人难见、事难办”的官僚主义衙门作风。解决这个问题，是经济体制改革和政治体制改革的难点，也是它们合理运作的结合部。（5）社会事业发展和改善全靠国家包揽，比企业的“大锅饭”更为严重，有关系的能走上“后门”的人员都向事业单位拥挤，致使这些社会事业单位超编再超编。

同时，我们研究了西安地区待开发的潜力，主要是：（1）有教学完整的高等院校 40 多所，设备精良的科研机构 100 多个，各种专业科技人员二三十万；（2）有军工企业三四十个，固定资产达 40 多亿元，精密仪器设备全国少有，有的在世界上也属尖端，加工制造能力很强；（3）有丰富的文物古迹，誉称“立体历史博物馆”，可开发的旅游资源在全国可以说得天独厚。

经过调查论证，我们初步认识到西安在体制改革中的主要弊端和急待挖掘的内在潜力，国家确定西安市为新一轮综合配套改革试点城市之一，是非常重要的。对我们来说，任务既光荣又艰巨。所谓新一轮综合配套改革试点，就是要早于其他地区确定新的经济体制框架，早日采取新的经济运行机制，在国家经济开发战略重点西移的进程中发挥更重要的枢纽作用。据此，我们提出了一个综合配套改革的方案，经过市委扩大会议讨论、审议，主要有十个方面：

1．深化企业经营机制的改革，搞好承包制的配套、完善、深化和发展，挖掘企业内部潜力，增加社会供给。企业承包以后，要继续解决好四个问题，一是劳动制度，二是分配制度，三是技术进步，四是所有权和经营权的分离。在承包制中，要引进竞争机制，调动职工积极性（有权讲话、合理享益），外部市场配套，尽可能地淡化行政干预。在有条件的企业试行股份制，小型企业也可推行租赁制。

2．推动军工企业发展民品、兼并或承包地方中小企业，组建新的企业集团。

3. 鼓励和推动科研、生产联合经济实体发展，组织大专院校、科研单位承包县、区的乡镇企业。采取自由“恋爱”，市上帮办手续，签订经济合同，承包单位可以享受“递增分成”，建立副食品基地，搞实验场所。

4. 改革外贸体制，争取列入内陆开放城市。改善投资环境，争取“三资企业”有较快发展。

5. 改革投资体制，提高投资效益，适当抑制社会需求。建立投资基金制，组织投资公司，把赢利性项目和城市基础设施投资分开管理，赢利性项目的投资主体逐步转移给企业。

6. 改革物资体制，简化物资管理层次，逐步取消各部门分配和管理物资的职能，发展中央指导管理下的开放式竞争性生产资料市场。坚持政企分开的原则，把市场的管理者和经营者分开，经营者不管理市场，管理者不参加经营。

7. 搞好劳动工资制度改革，实行企业工资总额与经济效益挂钩，企业用工逐步放开，企业根据需要自主用工，既可用固定工，也可用临时工，不论长期用工或短期用工都采取合同制。

8. 加快住房制度改革，有计划地开发房地产市场。改革公房低租金，提租发券，促使职工个人买房，合理引导居民消费，克服住房分配中的不正之风，逐步实现住房商品化。我们设想在机关、大的效益好的企业先进行，全市不分隶属关系统一房租标准和补贴标准。

9. 搞好金融、财税体制改革，加强和改善宏观管理，稳定市场价格。在金融改革上，一是继续健全金融宏观调控机制，运用中央银行贷款手段——基准利率手段、存款准备金手段，加强宏观调控。对农村信用社吸收特种存款继续办理，用新还旧，对信贷规模要进行控制。二是进一步发展和完善资金市场，建立企业信用评估机构，为信用好的企业发行债券、股票创造必要的条件。三是创造条件，发展多种金融机构，先组建交通银行西安分行，逐步发展民间股份银行和外资银行。四是有计划地推行专业银行行长（经理）负责制，加快专业银行企业化步伐。在财税体制上，经省政府同意，我市采取总额分成（市 3.1 省 6.9）和增长分成（市 7 省 3），一定五年不变，五年之后根据情况再考虑新办法。市对区、县也采取增长包干和增长分成或补亏包干。运用好中央 13 种税权下放，加强商品经济管理，调节社会收入不公正等问题。在物价问题上，特别是食品价格问题，关系千家万户，是人人关注的问题。在相当一段时间里价格不同程度上涨是不可避免的趋势，我们设想用补贴办法对付涨价问题，把补贴和副食品价格挂起钩来。这样一是鼓励农民生产，解决供给不足的问题；二是补贴城市居民基本生活，保障需要的问题。

10．努力做好政府机构改革，切实转变职能，加强地方法制建设，进一步完善计划单列，提高西安中心城市综合调控功能。在机构上，按照转变职能、下放权力、调整结构、精简人员的方针，合并裁减专业管理部门及综合部门内部的专业机构；适当加强决策、咨询、调节、监督、审计和信息部门，扩大区、县管理权限，尽可能地把问题解决在基层。经济要上去，政府要服务，要廉洁。在法制建设上，要增强法制观念，明确依法治市，落实已有适用的法规。至于西安中心城市功能作用的发挥，是随着城市的逐步发展而发展的，但它功能健全不健全，作用明显不明显，和人为的管理体制有着密切的关系。我们要创造条件，使坐落在这个城市载体上的所有企业和单位，不论它的隶属关系归谁，最佳经济效益都尽可能地发挥出来；使所有居住和生活在这个城市的人都感到心情舒畅、快乐和谐。

根据上述情况和设想要求，我们先后制定了《西安市经济体制综合改革试行方案》、《西安市政治体制改革近期方案》、《西安市推进科学技术体制改革实施方案》、《西安建立高新技术开发区的规划》、《西安市教育体制改革实施方案》、《西安市住房制度改革实施方案》、《西安市关于完善家庭联产承包责任制和发展县域经济的意见》，印发市属各单位广泛征集意见，有的方案直接涉及群众切身利益还见诸报端，组织讨论，集思广益。这样做的结果，使各类体制改革实施方案更具有广泛的群众基础，实施起来就比较顺利。在市委、市政府审定批准了《综合改革》实施方案之后，转发给市级各部门和区、县，市级各部门和区、县按照《综合改革》方案，结合自己行业和地区实际制定本行业和区、县体制改革方案，报市呈审定批准后执行。

三、搞好改革试点，推动全面配套改革措施的实施

我们先后在西安化工厂、黄河机器厂等 8 个工业企业试行承包责任制和厂长负责制，实行工资总额和经济效益挂钩浮动的试点，西安石油勘探仪器总厂被列入全国 98 家厂长负责制搞得比较好的企业之一；西安标准缝纫机公司发展横向联合，联营工厂分布陕、浙、湘、苏、沪等省、市，使企业不再受地域限制，完全按照市场需要，自主联合发展；比较早（1984 年）的以市政府名义发布对外开放发展西安经济试行规定 16 条，欢迎一切外国、港澳台地区企业家和外省市经济部门、企事业单位、社会团体、集体、个人来西安投资兴办企业，不拘形式，不限行业，不论投资多少，一律本着互惠互利的原则，给予优惠待遇，当年西安首届经济技术合作洽谈会召开，50 多个城市（地区）、120 个单位的 500 多名代表参加；比较早（1985 年）的召开西安地区首届人才交流大会并建立劳务市场，当年国家劳动人事部在西安召开西北、西南、中南三个地区技术工人交流工作座谈会，贯彻落实时任中央领导就西安开办有领导的劳务市场问题所作的批示，解决农村富余劳动力进城务工问题；制定和颁布《关于国营小型商业企业实行集体租赁股份制的试行意见》，组建民生商业零售企业集团，西安市第一个解放百货股份有限公司股票上市，国营城隍庙商场租赁给内部职工经营。截至 1986 年底，全市有 87 家企业实行租赁制，有 181 家企业试行租赁股份制，有 38 家企业试行股份制，有 2 家商业门点实行了拍卖；1987 年元月，经中国人民银行和市政府批准，西安市第一家地方性金融组织——西安投资信托公司正式成立。4 月 10 日全国第一家民间集资的股份制集体金融企业——西安民族城市信用合作社对外营业，横向经济联合逐步形成，企业集团逐步发展。到 1987 年，全市建立企业联合体 557 个，科研生产联合体 89 个，工商和商商联合体 179 个，兼容科研、设计、生产、销

售、金融、服务为一体的企业集团12个；在未改变军工企业管理体制的情况下，制订了军工企业与地方企业联合发展民品的规划，组建民用飞机、新型纺织机械等8个企业集团，8个测试加工中心，16个支柱产业，促进军工企业民品发展。在未央区对个体工商户进行评审定税，尽可能地杜绝偷税漏税现象，受到国家体改委和税务部门的称赞，并向全国各地转发了我们的经验；在西安机械研究所和西安电子研究所进行科研事业单位企业化试点；在西安市第八中学进行校长负责制、教师聘任制的试点；经反复研究，市委、市政府决定在城市建设和管理、商业服务和第三产业的开发管理、财税体制和城乡综合治理四个方面，向区、县放权；在西安电机总厂、陕西缝纫机总厂、西安化工厂、西安人民面粉厂、西安水泥制管厂、陕西第一针织厂、西安高压开关厂、西安塑料机械厂、西安解放饭店和西安解放百货商店10个单位率先实行党政分开，为全市工商企业的政治体制改革迈出了新的路子；国家体改委、中央农研室和国家农牧渔业部组成联合调查组，赴周至县考察县级综合体制改革试点工作，对周至县综合改革试点情况给予充分肯定和高度评价。

四、实行住房制度改革，逐步形成城镇住房商品化

西安住房制度改革在全国大城市中起步是比较早的。先在省、市机关和经济效益比较好的大中型企业进行自费住房制度改革试点，起步是采取“提租记账，分步改革，渐进到位”的模式。随后采取地区性联动，不论省、市机关，还是西安驻军和企业，都实行“公积金”制度和工龄计价，职工贷款一次性福利购买，逐步实行住房商品化。起初房改时西安职工人均住房面积不足3平方米，只能按级别和职称划分可购房面积。因为这是群众的切身利益，我们将《西安市住房制度改革方案》通过《西安日报》公布于众，让全市人民群众参加讨论，最后根据大家意见修改定案。为了使大家更好地理解《西安市住房制度改革方案》，

我们约请中央和省各新闻单位驻西安站及本市各新闻单位记者五六十人，参加记者“招待会”，由时任市长、住房制度改革委员会主任崔林涛出面讲话，并有时任副市长、房改委副主任张富春和我（时任市体改委主任、房改委副主任）参加，负责解答与会记者的提问。报道效果很好，社会反应强烈。

住房制度改革具有某些“打富济贫”的含义。收入高的单位和个人要多缴纳一些“住房公积金”，在购房贷款上是一律平等的低利率，每户职工只有一次福利性成本购房权利。但住房制度改革运作过程中，确有双职工在各自工作单位购买两套以上的福利性成本性住房，出现了社会分配新的不公。当然，有些单位的领导干部利用职权多占住房，他们也再没有资格和能力纠正多占住房的问题。随着社会经济的发展，集资建房和商品房越来越多，住房多占、多有，就见怪不怪了。只要有钱愿买多少住房就买多少住房，完全成了市场有价商品，人们就习以为常了。

五、探索县级综合改革，努力发展县域经济

县级综合改革涉及因地制宜的小型区域经济建设问题。它是连接城乡一体化发展的结合部，是中央和省、市工作方针政策下达的中转枢纽站，是乡村民情和小企业、乡镇企业以及各类民营企业呼声上达的传递关口，是整个国民经济，特别是农村经济兴旺发达的社会经济功能活动的基本单位，是宏观调控的基层单位。据此，必须在一个县的范围内进行综合配套改革，更好地发挥县一级经济发展和调控的整体功能，充分调动和统筹全局。加快县域经济发展，要走城乡一体、全方位开放、工农结合、互为依托、共同繁荣的道路。基于这样的认识，我们曾在县级综合改革座谈会上提出：（1）从总体改革上看，微观机制、市场机制和宏观调控职能三个层次改革，在一个县范围内如何具体化，要有全面规划。各县都有自己的不同实际，因地制宜，各具特色。在发展商品

经济的情况下，最怕雷同，最怕没有特色。要研究县域内的优势和潜力，发挥优势，挖掘潜力，就能促进经济发展、上台阶。（2）以粮食为基础的农副产品由国家指定价格向市场形成价格的机制转变，逐步培养和加快各类市场的形成。要教育干部和群众树立商品观念，要把农村产品加工能力组织起来，要搞精加工、深加工，要组织高级产品出县出市出省出国。（3）挖掘优势，引入外联，发展横向经济联合体。在这一点上，谁先搞活，谁先得利；谁犹豫，谁吃亏。（4）要发展私有经济，要发展各种经济成分。改革一度争论的所谓“温州模式”，就是推广私人经济、私人企业，现在明确了可以推广“温州模式”。（5）进一步完善家庭联产承包责任制，探索土地管理制度、规模经营、合作经济组织建设、粮食购销体制改革、建立和健全面向农业的社会化服务体系。（6）搞好科技教育体制改革，积极兴办各种形式的技术市场，大力推行科技承包经营责任制，鼓励科技人员承包、承租、领办各类企业，特别是乡镇企业。我们县上要发动各乡镇各企业到大专院校或科研单位聘请能人。有了能人领办企业，县域经济就会发展、上台阶。能人来了，我们可以给予技术投资，或者给予一定比例分成。（7）进一步完善市带县体制，打破城乡分割，充分发挥中心城市多功能作用，搞好小城镇建设，促进城乡结合，共同繁荣发展。中心城市多功能作用的发挥，离不开周围城市群，离不开周围县。所谓中心城市就是它的吸引力强、辐射力大，它就是一个中心市场。（8）研究加强乡镇基层政权建设和地方法规建设，逐步使社会主义的经济新秩序规范化、制度化。商品经济发展过程对政府提出的要求是什么？即从政府的管理上讲，第一条叫资格审查、登记，批准经营，颁发证书；第二条叫法律规范和行为准则建设，使企业在市场上能够平等竞争；第三条就是检查、监督违法，保护环境，打击和处置偷税、行贿、虐待职工的行为。（9）深化企业改革，积极引入竞争机制，全面推行承包制、租赁制和股份制。（10）试点县要敢于探索、实验、创造，不要在现行规定中兜圈子，一味要求放权让利不会有多少油水，一定要探索创造新路子，只要有利于社会生产力的发展，就大胆地干。（11）转变政府职能，提高工作效率，鼓励机关干部辞职或停薪留职去领办经济实体。随着经济的发展，改革的深化，政府职能必须转变，要改变管理型为服务型。

六、在市级单位，市体改委首开公务员考试入选之路

市体改委是一个比较新的单位，需要录选干部，怎么录选就是需要研究的问题。起初有人主张，从市级各单位选调，或由组织人事部门调配。最后市委、市政府领导同志同意我们采取公开招考，大学毕业并有基层工作三年以上经历，面试、笔试综合评分，择优录取。我们先后两次“择优”录取了八个人，确实比较优秀，工作比较出色，不仅取得了组织人事部门认可，而且这样选用干部还成为经验加以推广。

在体改委的六年时间除了和同志们一起探索实施西安经济改革之路外，我还有幸被组织派往中共中央党校体改研究班学习，撰写了《浅论中心城市的功能、作用与管理体制》。1987 年 9 月至 1988 年元月在中央党校体改研究班学习，接受马列主义基本理论学习，结合实际研究中国改革理论和实际问题。当时研究班有 42 位学员，来自省级体改委（办）主任或副主任，也有计划单列市分管体改工作的市委常委和副市长或体改委主任，还有国家大型企业的党委书记或厂长。我们这些学员都来自改革工作第一线，都具有一定的实践经验，又都带着自己工作过程中遇到的各种改革问题，学习心切，研究讨论问题的风气很浓、很好，相互平等交流，团结友爱相处，虽然仅有半年时间，不少人成为终生朋友。

在体改研究班学习的过程中，时任党中央总书记和总理都亲自接见并和学员们一起商讨改革问题。时任国家体改委的主任、副主任和司局长都来过体改研究班座谈商讨问题，有的亲自授课。研究班在比较系统地学习马列主义基本理论的基础上，还由学员自愿结合，组织了《宏观调控》、《中心城市功能》、《企业改革》三个专题研究小组。我报名参加了《中心城市功能》问题的研究，组织西安市体改委同志帮助收集资料，先在当年人民日报社约请的体改研究班同志座谈会上发表了有关中

心城市功能与作用的意见，提出国家扩大直辖市建制建议，直接指挥和管理比较大的中心城市的社会经济发展和运行。在研究班毕业时，经过和同志们商榷，我执笔撰写了《浅论中心城市功能、作用与管理体制》一文，先印发给我周围的同志和朋友征求意见，再经过反复修改形成正式论文。并参加了党的十一届三中全会十周年理论研讨会论文评选并入选，还获得了奖金。这篇论文后来在省、市社科期刊和报纸登载或转载，陕西省委、省政府对此颁发了荣誉证书和奖金。《浅论中心城市功能、作用与管理体制》论文，它的旨意在于发挥大城市的作用，阐述城市的本性在于集中。中心城市在国民经济生活中处于领先地位、中心地位，在国民经济总体布局的形成与运行中处于核心地位，在社会生产力发展中起着带头作用，是具有较强的吸引力和辐射力的综合性大城市。城市的功能是随着城市的逐步发展而发展。中心城市至少必须具备商品交流中心、交通运输中心、工业生产中心、金融信贷中心、科技教育中心、信息传递中心、人才交流中心、文化娱乐中心以及统一协调管理区域经济、综合性系列化服务功能。功能健全不健全，作用明显不明显，和管理体制有着密切的关系。城市改革就是要进一步发挥城市的多种功能，把城市首先是大城市改变为开放型、多功能、社会化、现代化的经济活动中心。现行条块分割的管理体制，严重束缚着生产力的发展，难以充分发挥中心城市的功能与作用。我认为，全国要有计划地扶植和发展若干承担各项经济区域综合服务功能的中心城市，要统一规划，统一管理，统一组织实施，统一提高综合效益。

亲历西安的城市建设

张富春

1964年，我从西安冶金建筑学院（现西安建筑科技大学）毕业后，一直在西安城建部门工作，搞过规划设计、基本建设和施工管理，也在市级城建部门任过一些领导职务。1983年，我到市政府任副市长，历时14年。1997年，到市人大常委会任副主任至退休。

任副市长14年，主要分管城建工作。城市建设是一项庞大的系统工程，涉及经济和社会的各个领域，涉及民生工作和生活的方方面面。断水断气了，排水不通了，道路阻塞了，环境污染了等等，都会影响群众的正常生活，都会影响经济、社会各项活动的正常进行。1983年，正值我国改革开放刚刚起步的时期，从60年代初到70年代末的20年，全国经济建设处于低潮，西安城市建设也是步履艰难的年代，城市规划走过一段弯路，造成许多损失；城市基础设施投资锐减，城市建设严重滞后，缺水缺电、交通阻塞和环境污染等问题十分突出。西安供水反应的问题最为明显，70年代高峰供水期间，供水不足矛盾就日益严重，到了80年代前期，天气干旱，河水断流，地下水补给量和水源开采量减少，市区大部分地区二楼无水，一些地区发生连续几天平地断水，出现了严重的水荒。在这样的情况下，我走马上任城建副市长，困难很多，压力很大。特别是我从市城建局副局长越级提拔到市政府领导岗位，自身的领导能力、工作方法和知识水平，都远远不能适应工作的需要。虽然我兢兢业业地工作，力求把自己本职的事情办好，但总是那么力不从心，常常被一系列棘手问题捆住手脚，疲于奔命。

另一方面，我担任副市长这14年间，正是我国改革开放向纵深发展、经济建设快速增长的时期。形势给城市建设提出了更高的要求。市委、市政府对城市建设高度重视，从城市规划、基础设施建设、城市管理等全方位进行改革，迎来了西安城市建设的又一个新高潮。在这样的大好形势下，我任城建副市长，真是莫大的幸运和难得的机遇。西安城市建设在市委、市政府的领导下，经过几代城建工作者的辛勤努力，取得了巨大成就，我在城建工作的实践过程中也得到了锻炼和提高。城建副市长不好当，是一个苦差事，城市建设与市民生活息息相关，民众的衣食住行，吃喝拉撒睡，从生活一直到垃圾、粪便，你都要管，要把为群众办实事和各项建设结合起来，尽心尽力为人民办实事。

规划好、建设好、管理好城市

任副市长14年，我先后给四位市长当过助手，协助他们分管城建工作。历届市政府都很重视抓城建规划，发挥城市规划的龙头和综合指导作用，要求全市各区县、各部门、各单位学习贯彻城市规划，遵循城市规划开展建设活动。市政府强调，城市规划是全市城市建设的蓝图和城市管理的基础，它代表全市的整体和长远利益，代表全市人民的根本利益，是大家都应遵循的共同准则，并以此来协调解决各种矛盾，从而在总体上保证了全市经济和社会各项事业健康有序地向前发展。

历届市政府都很重视城市基础设施建设，把城市建设作为基础性、先导性的工作，列入了各级政府的重要议事日程，抓城市建设促进环境保护，促进经济发展，成为全市各级领导和社会各界的共识。市政府在积极争取国家投资，加大政府投入的同时，通过制定政策，运用市场机制多渠道筹措建设资金，加快了城市基础设施建设步伐。西安环城建设工程，是规模宏大的具有历史意义的文物保护工程，又是治理城河、根除水患的市政工程，也是改善生态环境的城市园林绿化工程。这项工程从 1983 年 4 月开工建设到 2000 年已经有 17 个年头了，在此期间，无论是大规模的义务劳动，还是专业队伍的施工建设，历届市委、市政府的主要领导从全局和战略的高度出发，都兼任环城建委的主任和副主任，直接领导环城建设。经过历届领导班子和广大建设者的艰苦努力，以城墙为主体，墙、林、河融为一体的独特的环城公园已经形成，成为古城西安的重要标志。

市政府对城市建设的高度重视和正确领导，是做好城建工作的重要保证。就我个人而言，则要尽职尽责，深入实际吃透情况，并依靠有关部门、专家和广大建设者，通过研究论证，制定全市城建工作的长远规划和近期工作重点，当好市长的助手，为市政府和市长的科学决策出好主意，并提供必要的依据。对那些在城市建设中举足轻重、影响全局的重点工程，我总是铁了心，不怕苦不怕累，下大气力去具体组织实施，抓紧、抓细、抓住不放，一定要抓出成效。黑河引水、环城建设、南二环、西临高速公路、华清池汤池和钟鼓楼广场建设等等重点工程，我都投入了大量精力，因此，许多人都称我为“工程副市长”。钟鼓楼广场及地下人防工程是人防建设和城市建设相结合的大型人防工程，也是集旧城改造、文物保护和环境整治等多种功能于一体的城市建设重点工程。鉴于钟鼓楼广场工程的重要性、复杂性和紧迫性，以我为总指挥的建设指挥部，从可行性研究、勘察设计、拆迁施工到资金筹措等各个环节进行周密部署。该工程于 1995 年 11 月 29 日破土动工，1996 年 8 月底，地下人防工程和广场建设就基本完成。规划设计水平之高、拆迁和施工速度之快、工程质量之好，在西安城建史上是少有的，许多人说，这在西安创造了一个奇迹。

城建工作的目标和任务

当城建副市长，是一种机遇，是历史把我推上这个舞台，能不能把戏演好？一定要把握好自己扮演的角色定位，明确自己的工作目标和任务。城市建设要为全市经济建设服务，为人民群众服务，为城市的可持续发展服务。城建工作的好坏，关系全市发展的大局，我们一定要以对城市和人民高度负责的精神，做好每一件事情。

西安是人类文明的发祥地之一，至今已有3100年的发展历史，先后有周、秦、汉、唐等13个王朝在此建都，历时1100多年，创造了中国古代社会的鼎盛辉煌，西安在中国乃至在世界上，都是一座有重要地位的城市。在这样重要的城市担任领导职务，必须有高度的历史责任，必须毫不动摇地坚持在保持古都风貌的基础上，逐步把西安建设成为社会主义现代化城市。要在我们执政的这一段时间，使全市沿着正确的轨道健康发展，而不给这样一座城市造成创伤和破坏，留下“历史的遗憾”。

人民政府的基本任务就是为人民服务。想人民之所想，急人民之所急，尽心竭力地为人民办事，这也是人民政府的崇高职责。当官为什么？“为官一任，造福一方。”当副市长，不能当官做老爷，要坚持为人民服务的宗旨，真心实意地为群众谋利益，当好人民的公仆。公交、自来水、煤气、垃圾、修桥补路、装路灯，一件件看来琐琐细细的事情，都事关群众的切身利益，哪一点出问题，群众都要骂娘、骂政府。自己工作的好坏，直接关系到党的威信、政府与群众的关系。有些事情对领导干部来说或许都是小事，但在每一个碰到这些问题的老百姓身上就是大事，问题一天不解决，他们会一天遭受痛苦。我们心里必须永远装着群众，想群众之所想，急群众之所急，全心全意地为人民大众办实事，当一名合格的名副其实的人民公仆。20世纪90年代前期，西安出现了比较严重的水荒，全市供水经常处于紧张状态，夏季用水高峰期，不少地区平地断水，市民生活遇到很大困难。对此，我按照市长的要求，经常深入供水部门调查研究，采取了开源与节水并重，先民用后工业、先生活后生产的供水方针。动员供水部门加强管理、合理调度，保证现有设施满负荷运行，多供水，供好水。对严重缺水区和断水区实行定时加压供水或用洒水车、消防车送水应急。动员全市各单位和全市人民节约用水，实行计划用水，千方百计缓解供水危机，保证市民的生活用水，收到了一定效果。

依靠专家、依靠群众，实现决策的民主化和科学化

领导的责任在于制定战略，拟定规划，确定政策，组织管理，使用干部。要履行这些职责，就需要进行决策，决策是领导者最基本的职能，是一项经常性的重要工作。有重大问题要你决策，也有小的问题要你拍板。作为一位市级领导，不要去包揽一切决断，该由下级领导决断的事情，就应放手让他们去做决断，决不能搅乱管理的层次。要从忙忙碌碌的事务性工作中摆脱出来，集中精力研究一些宏观性的重大问题。中央领导早就提出：“过去旧商人中，有一种头戴瓜皮帽手拿水烟袋的，他们专门考虑战略性问题……我们也应该有踱方步，专门考虑战略性问题的人。”

城市建设是一项庞大的系统工程，涉及自然科学和社会科学的诸多领域。对城市建设重大问题的决策，不能停留在凭领导者个人经验和意志办事的传统方法和水平上，而必须采用科学的方法，按照科学的程序，进行科学的论证，力求减少和避免可能出现的重大失误。曲江水厂是黑河引水工程的一个重要建设项目，1985 年在水厂设计方案论证阶段，曾邀请国内六大市政设计院进行设计方案竞赛，得到许多著名专家的关心和指导，经过对各个设计方案的深入评审，吸取各自的优点，形成了以中国市政工程西北设计院设计方案为基础的综合设计方案，是技术先进、经济合理的好方案。市政府和建设指挥部对钟鼓楼广

场建设的许多重大问题，都非常重视调查研究，充分依靠各有关部门和广大专家，实现民主决策和科学决策。例如，在市人防办和市级有关部门调查论证的基础上，做出了集中资金和力量，修建高标准的平战结合的大型人防工程的正确决策，这是人防发展的突破口，也是地下空间开发利用的突破口。再如在选择平战结合大型人防工程的建设地点上，市政府组织市规划、人防等有关部门搞了文艺路、柏树林和东大街等几个方案，最后吸取我国著名规划建筑专家张锦秋、韩骥的建议，选定了钟鼓楼广场建设方案。位于市中心繁华地区的这个方案，不仅可使人防设施发挥良好的战备效益和经济效益，而且使地下人防工程和实施钟鼓楼广场结合起来。钟鼓楼广场，这座融传统与现代，反映西安城市性质和文化内涵的文化广场，终于变规划为现实，成为古都西安的城市大客厅。

城市建设要充分发挥职能部门和区政府的作用

个人的能力总是有限的，作为市级领导干部，重要的职责在于发挥各职能部门和区政府的作用，形成一级抓一级，层层抓落实的工作局面。该由他们做的事，市里要授权、要撑腰、要放手，市长们不要越俎代庖，市长去干局长的事，就是放弃了市长的工作。我从工作实践中体会到，作为一个市级领导，应着重处理好两件事。第一是到基层调查研究，一般不要作现场指示。因为如果是小问题，应由基层的直接领导去解决，你发现了，可以督促下级去解决。你一下来就发指示，解决问题，固然可以提高你的威信，却降低了你下属的威信，到头来还是削弱了你自己的领导功能。如果是重大问题，在没有通观全局的深思熟虑和科学的研究论证，就现场拍板定案，那是不慎重的。第二是要选好人，用好人。古人云“政以德贤为本”。首先是选好人。这主要是党委的事，作为政府领导成员，也应对下属部门的干部情况了如指掌，向党委提出选拔人才的意见和建议。要选好人更要用好人。汉高祖刘邦在总结自己之所以能战胜项羽的时候说，论带兵打仗，我不如韩信；论管理钱粮，我不如萧何；论运筹策划于帷幄之中，决胜负于千里之外，我不如张良。但是三者皆人杰，吾能用之，此吾所以取天下者也。

在广大领导干部的带领下，全市城建系统已经形成一支思想过硬、作风过硬、讲求实际、勇于拼搏的队伍，为我市各项建设事业立下了汗马功劳。例如，钟鼓楼广场建设工程，针对工程工期短、要求高和周边环境复杂、施工难度大等特点，指挥部经反复研究确定，由善打硬仗的西安市房地产开发总公司承担拆迁任务；由西安建筑主力军市建总公司作为该工程总承包单位承担全部施工任务。这两个单位，在深入调查研究的基础上，分别制定了实施方案，他们派出精兵强将投入战斗，打了几个漂亮仗。市房地产开发总公司在市房地局的支持下，经过 14 个昼夜的艰苦努力，538 家 3 万多平方米房屋搬迁拆平，5 万立方米建筑垃圾被全部拉走。市建总公司组织了以吴一仁总经理为总指挥的现场施工指挥部，精心组织施工，首先用 90 天时间，比预定工期提前 10 天完成难度极大的土方开挖、降水、护坡桩施工任务，接着经过 98 天艰苦奋战，提前 17 天拿下了一座建筑面积达 3.3 万平方米、耗用钢材 7000 多吨、浇灌混凝土 4 万多立方米的地下主体结构施工任务，连续打了两个漂亮仗。再如，市政局每年的建设任务都相当艰巨而繁重，这个局的领导班子大力倡导和培养务实的工作作风，并带头身体力行，他们分头抓重点工程，每年的大部分时间都是在建设工地度过的。他们不顾疾病缠身，不顾家庭拖累，不分昼夜地同广大建设者一起战斗在施工现场，他们用汗水和心血铺筑着一条条道路。新建的未央路，被评为全国九大市政样板工程之一，南二环路荣获全国市政工程“金杯奖”，北二环未央路立交工程荣获 2001 年鲁班奖。北起张家堡，南至长延堡全长 15 公里，有“长安龙脉”之称的南北主干道和一条条宽敞的笔直大道是他们奉献给古城西安的无字丰碑。

积极推进城市建设法制化进程

加强城市建设的法制建设是实施依法治国、建设社会主义法制国家方略的重要内容。改革开放以来，国家对城市建设的立法明显加快，相继出台了《中华人民共和国城市规划法》、《中华人民共和国建筑法》、《中华人民共和国环境保护法》和《中华人民共和国土地管理法》等一系列城市建设方面的法律。为了保证国家城市建设法律在我市的贯彻实施，我们陆续制定了近 20 部地方性法规，涉及了城市规划、村镇建设、园林绿化、遗址保护、水源保护、征地管理、市政管理、市容管理、物业管理、拆迁安置、城建档案和历史文化名城保护管理等诸多方面，这些法规在我市城市建设和管理中发挥了积极作用。

依法行政就是政府运用公共权力必须根据并遵循法律，这是法制国家的主要标志之一。在加强地方立法的同时，我们还十分重视依法行政和对城市建设法律法规执行情况的监督检查。随着城市现代化的加快，城市建设和管理的公共职能日益扩大，行政权力随时都在发生作用。依法行政不仅有助于城市建设的健康发展，还有助于保护人民的利益不受行政权力的侵害。依法行政必须依靠政府官员自身素质特别是法制素质的提高，在城建系统必须培养一批熟悉法律、尊重法律，以实施法律为己任的领导干部。还要建立和完善城建执法责任制，重点解决“执什么法，谁来执法，怎么执法，执法不力或走了样怎么办”等重点问题，并加强全市城建执法队伍建设，以增强城建执法力度。同时，各城建部门都要自觉接受人大监督和人民群众的监督，使全市城市规划、建设和管理真正走上法制化的轨道。

西安利用科技资源的往事

熊开纬

摸清西安科技资源的现状

市科委作为市政府的一个职能部门，其核心职能应该是统筹、利用西安具有比较优势的科技资源，换言之，在某种意义上可以认为，市科委是书写发挥西安科技资源比较优势，促进西安经济、社会发展这篇大文章的第一责任人。所以，通过调查研究摸清西安科技资源的现状，既是市科委自身建设的需要，也是为经济、社会发展提供服务的需要，同时，还能为科技产业链上、中、下游对接提供支持。然而，这是一项巨大的系统工程，需要动员、组织众多方面力量的参与，要花较多的时间才能完成。为此，我们在组织力量调查研究的基础上，于 1990 年 12 月先试出了一本《西安科学研究、勘察设计、高等院校、大中型工业机构概况手册》（仅供内部使用），然后，在争取到省科委给予部分资金支持时，由省、市科委共同组织策划，由西安科研机构联合中心编辑实施，于 1991 年 3 月出版过一本《西安科学研究勘察设计高等院校机构要览》（下称《要览》，约 100 多万字，仅供内部使用）。这本《要览》的涵盖面理应为西安地域，但为了使杨凌农业科技城的资源能为我所用，我们例外地将杨凌也包含其中。《要览》的编辑出版确实起到了沟通科技部门与经济主战场联系的作用，受到各方面的好评。但随着形势的发展，科技资源的不断丰富，客观上有充实内容的需求，于是在我任期结束前列入计划注资启动，在姚引良同志任市科委主任期内，于1998年3月，由市科委和《西安科技博览》编辑委员会编辑的大型工具书《西安科技博览》（约200多万字）出版问世（仅供内部使用，据悉市科技局现在尚有存书）。这本书实属集社会众多方面意见之大成，是集体智慧的结晶，由于资料征集工作非常认真、细致，审查又十分严谨，所以，相对而言，具有详实、完整、权威性的特点。编纂这两部书具体而繁琐的组织工作，是由市科委李尧勋同志牵头完成的，他为此付出辛勤的劳动，我一直记忆犹新。

《内陆外向型城市发展战略》

在1994年4月的市科技工作会议上，省科委孙海鹰主任建议时任市委书记程安东同志自选并领衔主持一个重要的软科学研究课题，时值江泽民同志给西安题词不久，于是就将课题名称定为：《内陆外向型城市发展战略》。同年，在省科委立项。课题的构思是程安东同志拿的，课题组成员是我按他要求，委托交大李国平副教授从高校富有创新精神的青年学者中找的，他只指定王树勋和高长安两位同志参加课题组工作。尽管在课题立项后不久他就调任省长职务，但他还在百忙中抽出业余时间，特别是假日主持课题组会议，听取调研汇报，专家学者为完成本课题付出了辛勤的劳动，而我只是起着传递领导意图，以及做一些组织工作。课题完成后，出了一本书，书名为《内陆外向型城市——西安发展战略研究》，以浓缩反映这项研究成果。

时任国务院发展研究中心主任马洪同志为这本书写了序言，他指出："《内陆外向型城市——西安发展战略研究》这一课题的研究，从理论上弄清了内陆外向型城市的内涵、特征和指标体系，从而解决了长期以来学术界对内陆外向型城市界定上的各种说法；科学地设计了内陆外向型城市的指标体系，为正确制定内陆外向型城市的发展战略提供了必要的条件。”他最后还指出：“西安这个历史名城，不仅在古代曾以开放城市闻名于世，而且将创造新的辉煌，在下世纪将建设成为一个现代化的外向型的国际大城市。”

“微爆破治疗膀胱结石夹板钳”的科研课题招标

我刚到市科委任职时，农医处的同志向我介绍市情中，提到市中心医院徐铭程大夫发明“微爆破治疗膀胱结石”的事，说此项技术的成功应用，引起国内外的广泛关注，“美国之音”还以《创造奇迹》为题对此做了报道。可是，这项技术可爆破的结石体积太小，推广应用的面受到影响。其瓶颈不在原理上的完善，而是在夹持爆破炸药的钳子。这既涉及精密机械加工，又涉及炸药的存放和引爆。我在琢磨后认为，此项工程不是一位医生能独立完成的，一定要跨越医院系统的束缚，要设法利用西安拥有的科技优势资源，采取公开招标的方式来寻求解决办法。于是，市科委就于 1983 年 3 月底在《西安晚报》上发布公告，对“微爆破治疗膀胱结石夹板钳”的科研课题进行公开招标。先后有 20 多个单位投标，最后西安秦川机械厂等 3 个单位中标。招标完成的夹持工具可引爆 30 毫米直径的结石。此项工具在国外展出时，受到好评并荣获展览会金奖。对重大科研项目实行面向社会公开招标的办法，是一次成功的尝试，当时，在全国也是一件新鲜的事情。

“自聚焦平面透镜”的研究开发

一位在美国获得博士学位并已在美国定居的台湾专家，通过台湾“中国生产力中心”总经理石滋宜博士的推介，了解到西安具有非常强大的应用光学技术力量，于是他在1993年春找到我，请我帮助他实现一项策划。台湾的传真机和复印机产量可观，在世界市场上占有重要位置，自聚焦平面透镜是其中核心部件，一直完全仰赖日本大阪的阪肖子公司提供，当然数量也相当可观。他设想如果西安能按同样技术参数研制出样品，他已说服台湾公司，负责从技术装备上、资金上给以扶持，使之逐步形成批量生产能力，通过两三年的努力，最终达到台湾所需的自聚焦平面透镜，全由国内自配。在供货的初期，数量不可能马上上去、成本也不可能马上下来时，他们可以适当出比给日本高得多的价格订货，待形成大批量生产能力时，再按照买日本货的价格付款。显然，这是一个产业化前景好、且能发挥西安比较优势的项目，于是列入市科委重点攻关计划，并且我亲自出马组织，市科委外事处处长陆维文跟踪项目的全过程。中科院西安精密光学机械研究所和兵器部西安应用光学研究所非常乐意承担此项课题，他们按不同的工艺路线和使用不同的原材料，分别制定方案予以研制。特别值得一提的是，制作自聚焦平面透镜通常用锆作原料，而锆是一种毒性非常大的材料。可是，这两个所报来的方案中都不用这种材料，台湾方面对此极为赞赏。为了对科研人员付出的劳动给予感谢和回报，林博士当时还通过市科委外事处每月给参加工作的科研人员以少量补贴。结果不到三个月就拿出合乎要求的样品，其中，有三种样品性能还优于日本，因此，认定产品研制关已经通过。这不能不说西安在这方面的技术开发能力是强的，权衡之后共同商定，由光机所来承担后续工作，于是，就请光机所报价。可是谈价钱时就出问题了，台湾向日本公司订货是每只3美元，毫无疑问大批量生产时，只能按这个价格给，而且，我看过他们的订货合同原件。可是，这个所观念上有问题，价格总核算不下来，致使这件事只得被搁置。又过四个多月，该所派员登门找我，说他们过去在做成本核算时，把摊入成本的范围搞宽了，现在重新计算认为，批量生产按每只3美元可以接受。可是台湾公司已等待不及而另作考虑了。这件事当时虽然未能成就预期，但的确验证了西安具有雄厚的科技实力。

与台湾的科技合作交流

我以《优势互补，互惠互利，推动西安对台科技合作》为题，在《海峡科技与产业》1995 年第 5 期发表文章，文章开头是这样写的："西安有过灿烂辉煌的昨天。她是世界四大文明古都之一，是古丝绸之路的起点，曾是世界上最大的国际贸易中心。丰富的人文景观，使西安在旅游方面具有举世公认的优势。50 年代初以来，国家先后在西安布点建设了一大批国防科技工业、民用工业及其相应的科研机构，以及一大批高等学校，使西安成为祖国大陆重要的高等教育基地、科学研究基地和现代工业，特别是国防科技工业基地。今天的西安，不但是历史文化名城，也是一座名符其实的科技城。近年来，西安与台湾科技、产业的合作交流已形成一定的气候和规模，从一般性信息交流到科学家们深层次研究课题的合作；从实业家的参观访问到直接投资建厂，形式多样。这对推动我市科技成果商品化、科技商品产业化和科技产业国际化，有较大的促进作用。"在市场对资源配置起基础作用的今天，西安充分注意到利用自身的科技资源优势扩大对外开放。我们认为，开展对台湾科技合作交流，西安具备很多有利条件。台湾巨额的外汇存底和巨额的社会游资，需要向外投资，以图增值；台湾资讯等科技产业，在世界上处于前列。而西安有素质优异的企业，可以通过生产要素存量的优化组合与之合作，携手扩大世界市场占有量。台湾企业长期处在市场经济中，其先进的经济管理经验可为我们借鉴；西安的资源和市场，特别是智力资源优势正是台湾所迫切需要的。台湾前"经济部"部长赵耀东先生在 1992 年来西安考察访问时讲过，中国的高科技集中在西安，重工业集中在东北，我此次西行就是来宝山探宝、寻宝，推进台湾与西安经济技术合作的。他还说，你们在现代尖端技术上走到台湾的前面去了，向下扎根基础研究深厚，虽然根深但枝叶并不茂盛，缺陷是产业结构不合理，又没有走商品化的路子。台湾的科技基础浅薄，但向上开花结果，在科技成果商品化方面比你们强。我设想，海峡两岸相互帮助、取长补短，台湾也发展高科技，向下扎根；大陆在向下扎根的同时，向上开花结果，协力推动产业升级。

对此，我想说明三点：第一，上述这段话的最前面部分，是我们当时对外宣传的基调；第二，《海峡科技与产业》杂志是国家科委主办的月刊，读者对象中很大部分是台湾同胞；第三，本文在内容上，主体很明确，主要是针对台湾在未来十年中，拟于发展的十大新兴工业，我在总括介绍西安科技资源的比较优势后，逐一地介绍西安都有相应的资源与之十大新兴工业对接，可在优势互补、互惠互利的前提下，携手发展科技产业工程，以推动两地的经济发展。其次，我在文章最后部分，简要说明我们正在对未来五年西安重点科技产业制定实施计划，根据产业发展态势、技术储备和产业基础，根据投入的可能以及相关产业的带动作用等考虑，初步提出发展八大重点科技产业，欢迎台湾科技界积极合作。我退休后于 1999 年访问台湾时，还有人提起这篇文章曾在台湾引发关注。

在全国地方科委中，西安市科委在对台科技合作交流中算是比较好的。1991 年春节假期尚未结束，西安交大汪应洛副校长给我打电话，说他有几位台湾朋友（其中就有石滋宜博士），春节是在西安度过的，他们想见见市科委的领导，于是，我应约与汪应洛同志一起与他们会见，随后又一起去了莲湖区麋家桥村，察看即将成为开发区起步的地域，他们还拍了很多照片。他们向我明确表示对西安的科技资源有着浓厚的兴趣，并约定再来。

与台湾“中国生产力中心”经常交往与合作，促成了台湾前“经济部”部长赵耀东先生访问西安。在中国新闻社记者以《台湾“国策顾问”赵耀东为中共出谋划策》为题，在香港杂志上发表报道后，引发轰动效应，激发了台湾科技、教育、产业界人士访问西安、认识西安、与西安合作的意愿和行动。因此，形成这方面人士相继频繁来访，仅石滋宜博士那几年来访就不下 20 次之多。实际上，中国新闻社记者并未参与接待活动，而是由崔林涛同志安排，由市科委向他提供每次谈话的记录和所拍摄的照片，由他编辑撰写后发表这篇图文并茂的文章。我认为在某种意义上说，这是市委领导在组织宣传西安时，工作艺术和技巧的体现。

1992 年 6 月，大陆首批七名科学家（谈家桢、吴阶平、邹承鲁、华中一、李林、张存浩、卢良恕）展开在台湾的学术之旅以后，台湾方面派出一个较高层次的、以新竹科学园区创始人何宜滋先生为团长的高科技考察团回访，团员中有丁守中（财团法人两岸发展研究基金会董事长、台湾立法委员）、张俊彦（国际上知名的微电子专家，后任台湾交通大学校长）、谷家恒（工业技术研究院副院长，后任高雄第一科技大学校长）等，他们分别对北京、沈阳、西安和上海作总计十天的考察访问，在西安头尾合计三天，西安给他们留下极深的印象，他们认为合作领域广阔。交流中，他们发现他们正在开展的一些课题，我们已拿出成果，而他们还在花很多人力、时间和金钱进行研究，他们认为，这实际上是一种浪费。后来，该访问团秘书长还将他们回台湾后撰写的调研报告寄给我，其中，对西安科技资源倍加称赞。此后不久，工业技术研究院杨日昌副院长应邀访问西安电力电子技术研究所，并就具体合作事宜交换意见，我也会见了杨日昌一行。

台湾产业界对信息的涉猎是非常注意的，我讲一个例子。我退休后于 1999 年 10 月访问台湾时，西安热工研究院院长与我同行，台湾相关方面知道他们尚未解决的电厂锅炉热效率低和燃煤结渣问题，而西安热工研究院不仅已有研究成果，而且已经通过工业运行试验，如果台湾直接引进利用他们的技术，就毋需再继续投入资金、花费人力继续进行研究了。因此，利用这位院长在台北的机会，约请他介绍、洽谈此项技术合作而使他特别忙碌。

我离开市科委后，由于市科委（后改为市科技局）领导的重视和支持，对台科技交流工作做得有声有色，其中，罗小岩同志（现任市科技信息技术研究所所长）做了大量的工作，她的敬业精神得到省、市台办的好评。2002 年 3 月，她荣获陕西省涉台工作先进个人称号。西安市科技局也在同一时间荣获陕西省涉台工作先进单位的嘉奖。

与香港科技、产业界人士的交流

代表性的事例就是于1993年5月在西安召开的首届西安—香港科技与工业发展研讨会，才玮辉副市长出席开幕式并致辞，崔林涛市长带领市级有关部门领导和交大校长蒋德明、西工大校长戴冠中会见香港代表团全体人员。香港工业科技专业人士西安考察团回到香港后举办记者招待会，其发布的新闻稿一开头就指出，“为积极在国际间推广贸易与工业的发展，并与各国重点工业城市建立更密切的联系，继1988年组成考察团往北京，1990年往新加坡，及1991年往上海后，香港4个与工业工程有关的组织，包括香港工程师学会生产工业工程部、香港工业工程师学会、制造业工程师学会香港分会及香港理工学院工业中心联手合作，于今年5月1日—8日，再次组织考察团前往西安，希望能亲身了解西安的科技及工业发展，并加强两地工业科技界专业人士的交流和联系。”然后，就介绍西安具有比较优势的科技资源，介绍可以与西安开展合作的领域。《大公报》、《信报》、《华侨日报》等媒体均予以报道，较好地起到了宣传西安的效果。

会见日本前科技厅长官谷川宽三先生

1993年5月底，谷川宽三先生刚卸任日本科技厅长官，因为他在任内为无锡引进集成电路项目有重大贡献，所以在他刚离任时，无锡市政府就邀请他再访无锡，他未来过西安，提出想到西安看看，于是无锡市政府派员陪他来西安访问。在这样的背景下，市外办安排我在钟楼饭店做一般性会见，然后宴请一下。可是会见中气氛非常好，原定15分钟会见，结果比原计划的时间延长了一个多小时。他对西安的科技资源非常有兴趣，因为谈的话题涉及未来科技发展趋势，谈的话题比较投缘，所以，时间就相对拉长了。为了使他在访问中对西安科技有较多地了解，我决定改变原先安排的工作计划，全程陪同他在西安进行两天参观访问，为到开发区、城墙、博物馆时的接待，增加了一点官方的气息，而且，还可借机向他宣传西安。在两三天的接触中，他对到访西安感到为时过晚，并对此深感遗憾。在会见中，他向我介绍并赠送了他撰写的刚出版的一本新书，书名叫《人类的科学时代》，我当场表态将很快组织专家翻译成中文出版。后来，时任西安生产力促进中心主任的吴元明同志帮我实现了这个承诺。谷川宽三先生为中译本写了序言，在他得到这本书后非常兴奋和激动。于是，利用他在日本的影响力，以及他在民间组织的任职，对宣传西安做了不少工作。随后，由日本官方出费用，邀我去东京出席地质方面的国际会议，我以不懂行为由婉言谢绝。

西安泾河工业园的创建

夏仁朝

1996年我任高陵县县长，经过对乡镇企业和农村基层深入细致的调研和在长安任副县长七年的经验，我在探索县域经济发展的路子中认识到，高陵县要想改变面貌就必须乘西部大开发的东风，走改革开放的路子，充分利用高陵县地理优势，进行招商引资。随即，县委、县政府决定，联合西安经济开发区创建泾河工业园区。

1996年3月28日，县政府第47次常务会议研究决定，成立高陵县对外开放办公室，并报县委常委会研究通过，以高办发〔1996〕16号文件，对外公布该机构，县委同时决定，把每年七、八、九月定为招商引资经贸活动月，从此，高陵县对外开放、招商引资工作拉开了序幕。

确立开放带动发展的战略之后，经济发展的战略重点和招商引资的突破口在哪里？这是我们思考的又一个问题。在计划经济体制下，过去人们围着县城转是对的，但在市场经济体制下，是继续围着县城转、原工业园区转，还是围着市场转，区位优势转，选择新的突破口，这个问题关系到高陵县未来的发展，引起我们的深思。县城是政治、经济、文化的中心，也是束缚禁锢人们思想的“围城”。西三高速公路未开通前，围绕县城转，尚可理解。1989年，随着西三高速公路开通，西安机场搬迁，却未能及时走出“围城”，使县域经济和市场经济难以很快接轨。鉴此，我们在调查论证的基础上，于1996年下半年提出，把泾河地区作为全县经济发展中心，实施经济发展的战略重点转移，这是高陵县经济驶入快车道的战略选择，是关系到高陵县发展前途和命运的战略转移。

为什么要实施经济发展战略重点转移？主要是因为泾河地区有县城不可比拟的十大优势：一是距离西安较近，距市中心仅20公里；二是西安至铜川84公里高速公路（210国道）穿境而过；三是西安至延安、西安至侯马铁路横贯南北，泾河火车站位于其中；四是西安咸阳国际机场专用线与西铜高速公路在区内相接，距机场仅20公里；五是靖边至西安天然气管道横穿园区并在区内设有加压分流站；六是电力供应充足，有1.36万千伏安变电站坐落其间；七是水资源充足，日供水可达13万吨，排水极为方便；八是地热资源极为丰富，出口水温可达83℃；九是通讯极为方便，开通了10000门程控电话，建有移动通讯基站；十是有泾渭分明的自然景观以及汉景帝阳陵等人文景观。

总之，在泾河地区搞工业园区好于西安东郊，优于南郊，胜于西郊，不亚于北郊，不仅是高陵县一块“风水宝地”，也是西安乃至陕西的一块“风水宝地”，就连西安至阎良的高速公路原定由园区穿境而过，并已完成勘测、设计、放线及部分路段施工，但省政府在听取县、市意见的基础上，又决定改线、绕开。

在明确经济发展的战略重点之后，我们就着手研究对外开放、招商引资优惠政策，学习借鉴招商引资先进区县经验，起草修改我县相关文件。经县政府三易其稿后，提请县委常委会讨论，县委召开扩大会，请县级几大班子参与了文件修改，最后以县委〔1996〕42号文件出台了我县招商引资优惠政策。这些优惠政策，从切实解决投资者普遍关心的问题入手，最大限度让利于企业，体现可操作性，突出超前性，无大话、套话、空话。比如，地价是客商来西安地区投资最关心的问题，有的开发区工业用地每亩25万元，商业用地35万元，有的郊县地价也居高不下，每亩达20多万元。高陵县泾河工业园区1998年年底是每亩3.1万元，先交2.1万元，就可进入工地施工，其余在企业建成取得销售收入1至2年交清。1999年，国家每亩地净增22666.7元，高陵县采取交足国家的，给够群众的，每亩地只收41500元。我们还制定了其他配套优惠政策，并不断补充完善，如城建部门只收质量监督费，其余有关税费免收或暂停征收。县委并以高发〔2001〕42号文件对上述优惠政策作了进一步充实和完善。

在确立开放带动发展战略，选准经济发展的战略重点，制定招商引资优惠政策之后，我们把工作的着重点转移到优质高效的全程服务上来，做到以诚招商，以情留商，以信安商，创造良好的投资环境。

一是教育县级部门转变作风，提高办事效率。让部门明白，要顾全大局，服务大局，更新观念，转变作风，并教育群众，人人都是投资环境，要正确处理眼前利益与长远利益的关系，“小家”与“大家”的关系，努力改善投资环境。二是完善健全相关工作制度，提高办事效率。实行打破“三个界限”，即打破上班与下班的界限，白天与夜晚的界限，工作日与节假日的界限，全天候24小时为企业服务。推行现场办公“三不”制度，即不出一个会议室、不超过两小时、不花企业一分钱，为企业办完立项、规划定点、取水许可证、委托征地协议、营业执照等县内所有手续。三是实行优质高效的全程服务，使客商满意在高陵。从项目洽谈开始，主要、分管领导与开放办领导一次介入，一步到位，减少汇报环节，以免贻误商机。县政府统征办代办征地手续，企业从不和农民打交道。实行征地款分配公开制度，村、组干部只管制定分配方案，而不直接管钱，村民凭身份证到指定银行取款。县上领导、开放办、管委会、乡政府和村、组干部六方联合在田间地头办公，统一补偿标准和群众代为企业扎围墙的设计、预算等，共同清理地面附着物，办理好相关手续。企业到县上部门办理手续，由开放办派员陪同，以便认人、认门，监督部门办理。开放办、管委会、乡政府等部门全天候为企业服务，做到有求必应，尽快解决。县上每年在国庆、春节前定期走访慰问，给企业拜年、征求意见，以便改进工作。

新规划的泾河工业园区地处泾渭镇、姬家乡，南区境内原来是成片的庄稼地，仅有一条简易公路，路旁有近两米高的灌溉水渠。要在这样一个地方，高标准建设基础设施，困难可想而知，加之高陵县又是财政穷县，收支矛盾极为突出，投资园区基础设施更是困难很大。为了加快工业园区发展，我们千方百计筹集资金，采取省上要一点，市上给一点，集中县城城市设施建设部分配套费、三项费用附加及工程欠账、开发养开发、滚动发展等多种办法，先后筹资2亿元，用于园区基础设施建设。先后完成了以下主要工程。

一是工业园区总体规划。我们请西安市城市规划研究设计院，并依靠县上有关部门和技术人员，先后两次对园区12.5平方公里进行了科学规划，为园区发展奠定了基础。二是园区地形测量。我们先后投资完成了园区地形测量及千分之一地形图绘制，为园区企业设计施工提供了方便。三是园区地热资源普查。在财力十分紧张的情况下，抽出一定资金，委托地质研究所对园区12.5平方公里地热资源进行了全面普查，为地热资源利用提供了资料。四是园区天然气管道预留开口。1996年至1997年省天然气管道施工时，经过多方争取，使高陵县及园区天然气预留开口得以解决，园区供气工程得以顺利进展。五是以道路、排水、路灯、路牌、绿化为重点的基础设施。完成园区硬化道路18公里，投入使用排水管道20公里，路灯、路牌、信号灯、绿化等全部配套，新开工的宽67米、长3.6公里的北区主干道于2002年5月底竣工；总投资2100余万元的园区泾河大桥，于2002年8月底建成投用；广场工程开始实施；市310公交车在园区设立了停车点；新建了两座大型园区标志牌和一座大型广告牌及两座高杆标志灯。六是园区供水工程。占地38亩，总投资8000多万元的供水工程顺利完工。一期工程日供水量达6万吨；二期工程日供水量达12万吨。七是改建新建电力基础设施。首先，投资600多万元改造建设了姬家变电站，将原来5600千伏安变电站改建成1.36万千伏安变电站，1998年又投资430万元在园区新建电力开闭所，2000年再投资400多万元将其改造为35千伏安变电站，建设泾渭东、泾渭中两座35千伏安变电站；投资建设4000多万元的110千伏安变电站，区内将形成双回路供电，不仅可以满足园区的用电需求，还可保证企业用电持续、正常、安全。八是新建电讯、邮政设施。投资200多万元的电信大楼和投资200多万元的移动通讯基站、投资50多万元的程控电话交换点建成投用，通讯问题得到了解决，邮政所开始营业。九是新建金融营业网点。建行、工行、农行分别投资50多万元新建了营业部，建行还建设了办公大楼；对泾渭镇信用社进行了改建。十是其他服务设施。园区管委会搬入投资近300万元的办公大楼，投资30万元的派出所已经建成，并成立了公安园区分局；园区消防机构场地建设着手实施；投资30多万元的法庭主体工程竣工，国税、地税局在园区对外营业。

至此，泾河工业园区的基础设施从无到有，从小到大，日趋完善，以其城市化的标准和城市化的功能，为企业的发展创造了良好的环境。

从水泥谈起

朱怀伟

我于1971年5月大学毕业劳动锻炼后，二次分配到泾阳县水泥厂，后来调离，又二进水泥厂做厂长，又于1975年被省建材局借用一年，专职调研全省各地市小水泥的发展及资料汇编，比较熟悉水泥，下面，我简要回顾一下咸阳地区水泥行业的发展变化。

在我的眼中，咸阳地区水泥行业的发展，大体经历了三个阶段。

第一阶段：大干快上，遍地开花。大体从20世纪60年代末期开始，到“泾阳型”窑体定型及普及的90年代。“文化大革命”后期，以“五小工业”为代表的地方工业开始启步，当时的咸阳地区14个县（区）有县办、乡办水泥厂30多个，稍有规模的有泾阳、户县（当时属咸阳）、礼泉、三原、淳化县水泥厂，窑型都是手工及半机械化立窑。对地方小水泥工业发展影响较大的是，1971年9月国家建材部在河南省新乡地区召开的全国水泥工作会议，会议展现了一种投资小、见效快的土法窑型——蛋窑（外形像鸡蛋）及轮窑，一座窑土建只需几千元，几天即可建成，对于缺乏资金的地县一级来说，极具吸引力。新乡水泥厂土法上马，除窑型简陋外，其他坚持因陋就简，如化验水泥的“安定性”，没有化验仪器，就把水泥砂浆贴在墙上让太阳暴晒，若不裂缝，说明“安定性”良好。会后，泾阳水泥厂也修建了两孔蛋窑，一孔轮窑，这种窑型，产量低、质量差、消耗高、劳动量大，但投资小、见效快，适应了“大干快上”的非理性不讲科学的办工业思想，受到一些地方的欢迎。此间，我担任了厂里这一工程的副组长，点火试烧后，咸阳地区在泾阳水泥厂召开了现场会，领导的报告中，称这一工程是“走出了中国办水泥工业的新路子”（这是新乡会议上的提法），于是，这一窑型在各地推广、普及起来，县上办、乡上也办，甚至泾阳县水泥厂厂址所在的口镇乡及该乡的山底何村也办。在倡导“自力更生、艰苦奋斗”精神的鼓舞下，矿山没有凿岩机，就人工打钎凿眼置药放炮，没有运输车辆，雇民工用架子车拉运矿石，没有烘干机，生产原料粘土全部放在露天场地借太阳光照天然晾晒，没有装包机，由人工用铁锨装包过称，石头靠人工用八磅铁锤砸碎进机，没有防尘设备，工人就戴上口罩上班，由于条件差，设备不配套，生产的产品水泥，“安定性”过不了关，抗拉、抗压强度不能达标，经常出现质量事故。当时，乾县水泥厂发明了“一步烧水泥”工艺，即原料石头未经充分破碎就进入烧制工艺，就是不讲科学的“重产轻质”的典型事例。而适应当时“深挖洞”的战略部署，各地大修人防工程，对水泥需求量很大，使得这些质次价高的产品水泥都不存在销路问题。我被省建材局借用工作期间，省局领导曾安排我去凤翔县糜干桥公社调研一户水泥厂，这个厂由二十几位残障人员建成，他们用榔头砸石头，用一个两米多长的木壳球磨机粉磨石料，土窑约高 6 米，由于坚持了“自力更生、艰苦奋斗”精神，生产出了水泥，这个厂在全省水泥工作会议上介绍了经验。这一阶段咸阳地区各县水泥厂的年生产能力合计约为 10 万吨，经济管理的基本特征是“两高两低”，即高消耗、高成本，低质量、低效益。

第二阶段：坚持科技兴企，建设标准窑型。水泥的生产工艺，简单地说，概括为“两磨一烧”，即生料粉磨—高炉煅烧—熟料研磨。因此，窑型将最根本地决定水泥的质量，我在水泥厂的经历中，使用过蛋窑、轮窑、土立窑、半机械化立窑、机械化立窑，但均因火力不匀，炉温不稳，质量得不到保证。“文化大革命”后期，乡镇企业异军突起，在“无工不富”、“全民办企”的热潮中，如何设计出一条投资较少，质量保证，适宜地县一级建设的理想窑型？这是地方水泥行业面临的一个共性问题。中国第三水泥设计院（即天津院）在探索中取得了令人振奋的经验，他们在地方政府的支持下，深入泾阳县水泥厂，把大水泥的优秀设计因素与小水泥的简约廉价要求相结合，设计出了厂家认可、质量保证、价格低廉被俗称为“泾阳窑”的窑型，学名为2.5×40m两级旋风三级立筒偏心预热器回转窑，年设计生产能力为56000吨产品水泥，造价为346万元。此种窑型，一跃跨过了传统水泥生产的湿法、半干法的工艺流程，其特点，一是保证质量，生料从窑口入窑，在1350℃—1450℃的高温炉体中，经过40米长的窑内旋转前行，充分煅烧，产品质量稳定达到500号水泥质量标准；二是窑尾余热利用充分，约900℃的窑尾余热，经过三级立筒热交换，出窑尾温度已不到300℃；三是能源消耗低。“泾阳窑”出现后，很快热销全国，成为水泥行业小型示范窑型香飘万里的一枝奇葩，几年期间，全国各省的地市一级水泥厂猛上“泾阳窑”300多条生产线，随之二期改造，造价已达到800万元，但仍被视为地方财政可以接受的投资范围。而泾阳县水泥厂也成了“泾阳窑”的经验示范和技术培训基地，先后来厂参观的各级领导和管理人员达6000人次以上，培训管理干部、技术人员2000多人，该厂也多次被评为全国及我省的先进企业，厂长荣获全国五一劳动奖章等殊荣。此种窑型在我省建成了十几条生产线，在咸阳建成了泾阳、地区铁厂、淳化、永寿四条生产线，加上其他县、乡办水泥厂，全咸阳地区水泥年生产能力达到50万吨。

第三阶段：发展大型水泥，形成产业规模。在水泥行业，以企业年生产能力计，10万吨以下为小型，10万—50万吨为中型，50万吨以上为大型企业。咸阳地区石灰石矿藏量大质优，但多年以来，没有中型及以上的水泥企业。改革开放的春风，吹绽了各条战线的迎春之花，三中全会以来，咸阳地区的水泥行业迎来了大发展的历史机遇，招商引资工作的深入开展，一大批资金密集型、技术密集型企业落户咸阳，短短的十几年期间，具有优质石灰石矿藏的嵯峨山及北部山区迎来一拨拨懂行有志的创业者，从20世纪90年代以来，先后有多户大型、超大型水泥生产企业在咸阳建成投产，投资主体有国有、民营、股份制、混合经济型等，其中建在礼泉的海螺水泥厂，年生产能力为440万吨，建在泾阳王桥的冀东水泥厂，年生产能力为440万吨，建在泾阳水磨村的声威水泥厂，年生产能力为220万吨，建在乾县的海螺分厂，年生产能力为220万吨，还有一些小型企业。仅这几户大型水泥企业，年生产能力合计达到了1320万吨，是1970年咸阳地区年水泥生产能力的132倍，由于其窑型采用了更大型先进的4×60m新型多级旋风预热回转窑，故其质量都达到了32.5号、42.5号的国家标准，即传统概念上的500号和600号水泥国标，保证了优质高产低消耗，经济效益也上了一个大台阶，为国家基本建设作出了贡献，这从一个普通建材产品前后变化的侧面反映了咸阳地区改革开放30多年来的沧桑巨变。

改革开放咸阳对外经贸发展翻天覆地

王耀文

改革开放以来，咸阳对外经贸发展由无到有，由小到大，由数量到质量，逐年增长提高，特别是党的十八大之后，更是取得了翻天覆地的变化。

改革开放　开始起步

在党的改革开放方针指引下，1980年地委（咸阳于1983年地改市）决定成立对外贸易局、对外贸易公司，一套班子，两块牌子，企业经营，独立核算。对外贸易局是政府工作部门，负责全市对外贸易管理，执行国家有关政策、法规和法令；完成省外贸厅下达的各项任务；指导各县外贸工作；组织协调全市外贸工作。1990年政企分开，成立市对外经济贸易局。市局直属工业品和粮油土畜外贸公司及彬县、淳化、武功、旬邑、长武县、秦都区七个外贸公司。改革外贸企业吃中央“大锅饭”的弊端，实行承包经营责任制，自负盈亏和超额创汇中央与地方“八二”分成，调动了外贸企业的积极性，推动外贸事业的快速发展。

局、公司成立后，首先抓干部、职工学习培训，提高业务能力。局领导、科长7人次到天津外贸学院、厦门大学参加外经贸培训学习。局、公司经理、科长、业务骨干到省外贸学校进修，局同市委党校对各县、区外贸公司经理、乡镇领导分期培训。局工会订阅报刊、书籍供职工学习。通过学习提高了业务能力。涌现了一批省、市先进个人。其次建立辣角干、兔肉、苹果、名贵杂豆、桑蚕等6个生产基地，投入400多万元扶持资金，派业务员进行指导，保证外贸货源供应充足、质量好。选定国棉一、二、七厂，二印和市绒布印染厂及彩虹、陕广等大、中型企业为出口企业。再次加快基础设施建设。先后建外贸办公大楼、仓储、包装、外运车队。并加强和铁路、电力、金融、海关、商检等有关部门的协调工作，确保外贸出口顺利进行。加强组织建设。成立了党委、共青团和工会。发挥党支部战斗堡垒作用和党、团员先锋模范带头作用，工会负责职工福利、文化娱乐等活动，调动了干部、职工的积极性，年底供应出口总值11723万元。到1992年出口供货总值60500万元（约7600万美元）。出口商品九大类239种。主要是纺织、五金、矿产、机械、粮油食品、土畜产品、医药等。1992年外商投资办企业66户，是改革开放13年总和的4.5倍。

1990年11月，市委决定成立中国国际贸易促进委员会咸阳支会（简称咸阳市贸促会），中国国际商会咸阳商会（简称咸阳商会），省政府批复同意（陕政函〔1991〕21号）。两会于1991年1月1日成立。咸阳市贸促会、咸阳商会对内为市政府直属机构，对外为咸阳市民间经济贸易组织。一套机构两个牌子，业务受省贸促会指导。办公地址设在市对外经贸局，事业性质，编制5人，经费独立核算。

根据中国贸促会《章程》规定，会员采取自愿参加，第一批发展会员50名（内外企业30名、个人20名）。同年9月14日咸阳市贸促会，咸阳商会召开第一次会员大会。副市长王兆亭发表《努力促进对外贸易，竭诚振兴咸阳经济》讲话，大会通过《咸阳市贸促会章程》，选举会长、副会长、理事。贸促会成立后，先后组织会员企业（含外资）到美国、日本、东南亚、欧洲等十多个国家、地区考察，展销商品、洽谈贸易、招商引资，做了大量工作，取得优异成绩，受到赞扬。特别是对外资企业依法保护合法权益、优惠政策的落实，外企人员高兴地竖起拇指直喊“OK”。1993 年、1994 年市贸促会业绩名列全省前茅，两次受到省贸促会长郑斯林（原副省长）、张斌（原副省长）表扬。1995 年 1 月会长王兆亭、常务副会长王耀文出席全国在海南省海口市召开的经验交流会介绍了经验。市贸促会一直对全市外经贸事业的发展，继续起着有力的推动作用。

多措并举　迅速增长

1993 年到 2000 年，是咸阳市对外经贸、招商引资速度增长较快的时期。采取了多项措施促进发展。一是大力宣传咸阳地理的优势，丰富的资源、先进的科技、繁荣的文化、旅游点的多而特别、交通的便捷。印刷了大量的资料，广泛向国外客户散发，使其了解咸阳。在天津、深圳、海口、乌鲁木齐设立办事处，搜集信息，洽谈贸易，招商引资。每年和计委、经委共同编印招商引资项目向国外及港澳台地区客户赠送，向外提供来咸办企业的项目。二是积极申请外贸进出口权，自主经营，1992 年底，国家批准了咸阳具有对外经贸自主权。1993 年 2 月 11 日成立了咸阳市对外进出口公司，使咸阳市的对外贸易迈上了新台阶。三是市政府根据国家法律法规先后制定了十余份外贸出口优惠政策，鼓励企业出口创汇，争取国家扶持资金 1.1 亿元、银行优惠贷款资金 1693 万美元，外国政府贷款和援助 381 万美元。财政局对纳税多的企业（含外企）奖励了 270 万元，极大地调动了企业出口的积极性。1995 年、1997 年两次下放企业进出口经营权，使国营、民营、外资企业都拥有了进出口权。到 2010 年全市出口创汇 29458 万美元，增幅居全省前三位。四是积极参加国内外经贸洽谈会，扩大宣传咸阳，让世界人民了解咸阳，使千年古都咸阳走向世界。原市委书记祝新民、原副市长黄亚莉分别参加了厦门、青岛经贸洽谈会。凡省举办的洽谈会，市上都组团参加。1993 年省举办对外经贸洽谈会，市政府原副市长王兆亭任团长，成员有市直各部门、县区领导、企业人员共 200 多人参加，取得了丰硕成果，成绩位列全省第一，《陕西日报》在会议闭幕第二天头版头条发表，振动很大。当年 7 月，时任国家外贸部部长吴仪（后任国务院副总理）来咸阳视察，给予高度评价，对我市外贸战线的干部职工鼓舞很大。五是多次组团出国考察，洽谈贸易，招商引资。20 年间大约有四五百人次到日本、美国、澳大利亚及东南亚、欧洲国家考察，足迹遍及五大洲。结交了客户，签订了贸易合同、来咸投资合同。促进了咸阳经济的发展。六是在 2001—2010 年间因世界金融危机影响，咸阳市对外贸易、招商引资也受到了影响，特别是劳务输出大幅度下滑。国家、省、市政府积极应对，出台多项措施，扶持和帮助企业走出困境。到 2010 年底，全市对外贸易仍保持稳中有进的好势头。外贸出口总值近 5 亿美元，有出口实绩的企业 67 家，生益科技、通达果汁、八方纺织等 5 家企业年出口额达 5000 万美元以上，成为出口创汇的龙头企业。外贸进出口实现平稳增长。全市累计批准外商投资企业 374 户，总投资 181745 万美元，实际利用外资 51108 万美元，纳税占全市税收的 20%。对外劳务输出 2260 人，收入 4209 万美元。省驻咸六建、十一建工程公司在日本、古巴、也门、喀麦隆等十多个国家承包工程和开展劳务合作，为企业走出国门带了头。彬县中兴果业和耐森果业及长武惠远果业有限公司在老挝塔省合资创办“老挝磨丁中兴农产品贸易有限公司”，实现了咸阳境外投资办企业零的突破。

十八大以来　腾跃发展

党的十八大以来，在以习近平同志为核心的党中央正确领导下，制定了“一带一路”等一系列国际政治、经济、文化的伟大战略以及深化改革、锐意创新方针，市商务局（由原外经贸局、物资局、商业局合并）积极贯彻“五大发展”理念，以省、市委提出：追赶超越和爬坡过坎精神为动力，使我市外经贸事业得到了腾跃发展。企业出口实行了备案登记制，使企业出口更加便利。外商投资也由审批制改为备案制，外商投资门槛更低、更加方便快捷。2016 年，咸阳市进出口完成 300800 万元人民币，同比增长 5.04%；其中出口 161124 万元人民币，同比增长 5.84%，进口 139677 万元人民币，同比增长 4.13%，贸易顺差 21448 万元（因汇率浮动，以人民币统计）。进出口市场不断拓展，涉及 124 个国家或地区。其中，美国、阿根廷、巴西、韩国、中国台湾是我市前五大贸易伙伴。外贸进出口以北美洲、亚洲、拉丁美洲市场为主。

2016 年，新批外商投资企业 5 户。总投资 4416 万美元，合同外资 1666 万美元。全年实际利用外资 1995 万美元。截至 2016 年底，全市累计批准外商投资企业 395 家，总投资 305156 万美元，合同利用外资 135304 万美元，实际利用外资 119714 万美元。市商务局已制定了到 2020 年的对外经贸发展规划，以优异成绩迎接党的十九大胜利召开。

记忆中的“皇粮国税”

——20世纪90年代中期农村税费制度改革试点亲历

雷哲生

自古以来，中国农民对“养儿当兵、种地纳粮”从无怨言。故每年按时缴纳“皇粮国税”、儿子长大应征入伍报效国家就成为天经地义的事情。但是，在中国共产党执政进入到改革开放新时期的21世纪，这种情况发生了根本性的重大变化，2005年12月召开的十届全国人大常委会第19次会议决定，自2006年元月起在全国取消农业税，时任中央中共政治局常委、国务院总理温家宝在2006年3月召开的十届全国人大四次会议上郑重宣布党中央、国务院的这一历史性重大决策。以此为标志，我国结束了自秦朝以来2600多年向农民征收“皇粮国税”的历史，当年全国即减轻农民税赋方面的负担1200多亿元。

提及取消农业税，不能不提在此之前国家在有关农村改革试验区和有关县市部署开展的农村税费制度改革试点，甚至完全可以说，没有在此之前近10年的农村税费制度改革试点，也就不会有之后在全国全面取消农业税的历史性重大决策和重大改革举措，因为农村税费制度改革试点是探索和尝试逐步减轻、减免以至最终取消农业税的起点。作为20世纪90年代中期合阳县农村税费制度改革试点的组织实施者和亲历者，我想简要回顾一下当时合阳县承担国家和省市农村税费制度改革试点的有关情况以及亲自组织实施这项重大改革试点的切身感受。

1993年至1996年3月，我担任中共合阳县委农村工作部部长兼县委政策研究室主任。1995年初，经省市考察调研和推荐，确定由合阳县承担国家和省市农村税费制度改革试点任务，时间大体安排为三年左右。具体到县上，这项任务主要由县委农工部牵头组织实施，县级有关部门和乡镇配合落实。1996年3月之后到1999年3月，我先后担任县委常委兼县委办公室主任和县委副书记职务并分管农村改革发展工作，也继续牵头组织实施农村税费制度改革试点和扩大试点。从当年参加省市有关专题会议上得知，当时在全国同步开展此项改革试点试验的还有河北省的正定县、安徽省的太和县和贵州省的湄潭县。包括合阳县在内的这四个试点县，承担试点的主要课题任务基本相同，都是通过改革农村税费制度，探索规范和减轻农民负担的有效途径和具体办法措施。

之所以要从规范和减轻农民负担入手进行农村税费制度改革试点，主要是基于当时全国不少地方农民负担过重、特别是一些基层组织巧立名目以各种方式向农民乱收费、乱集资、乱摊派、乱罚款，并以各种手段借税费征收搭车收费，变相加重农民负担的问题愈演愈烈。至今我还清楚地记得，20世纪90年代初中期，由于农村税赋不公、农村“三乱”严重、农民负担沉重，全国由农民负担问题引发的恶性案件数量急剧上升。南方一些地方甚至把赋税分配到学校学生，让中小学生找家长要钱缴纳相关税费，如果按时缴不了，就不允许上学听课。据有关内部资料通报，一段时间内，一些地方农民群众因不堪承受过度沉重的负担，纷纷聚集上访，导致群体性恶性事件接连发生。此种状况引起中央高度警觉和极大忧虑。据当时的新闻报道，中央主要领导在江汉平原微服暗访中得知有关实情后即在武汉主持召开北方十省区减轻农民负担问题专题座谈会，国务院同时迅即召开全国减轻农民负担电视电话会议，紧急部署集中整治解决农民负担突出问题。农村税费制度改革试点就是在这样的背景下部署展开的。

农村税费制度改革试点距今已过去20多年，回顾当时合阳县农村赋税和农民负担情况，问题虽然没有中央通报得那么严重，但也的确存在农民负担过重、农村赋税不公等问题。具体来说，除农业税总体合理稳定外，其一度存在的突出问题有三：一是农业综合税也即乡村两级“三提五统两工”计提征缴不仅随意性较大、乡村之间差别大，而且由乡村干部以支定收向农民征收，普遍严重超出国家政策规定的上限；二是农林特产税主要是从苹果、酥梨、渔业等主导产业征收的税收，不仅县上年年增加，而且乡村组也层层加码，亩均赋税严重不公，过头税、人情税较为严重，再加上一些所谓的“隐性负担”，导致农民负担过多过重，农民果农怨声载道；三是农林特产税系重复征税，即农民除了按地亩承担农业税外，还要就种植苹果、酥梨、养鱼等经济作物和经营项目缴纳农业特产税。这种做法明显加重了农民负担，也违反了国家相关赋税政策。据此，根据省市有关农村税费制度改革试点的总体部署和试点实施方案要求，合阳县进行农村税费制度改革试点的大致思路是：以中央农村税费制度改革试点方案为指导，以当时国家制定的农村税费制度改革政策为依据，以规范和减轻农民负担、公平合理确定农民赋税为目标，在农民按地亩公平合理缴纳农业税的基础上，重点对县域乡村两级涉及要农民出钱出工的“三项提留、五项统筹”以及义务工、建勤工的计提和征收办法进行规范和改革。同时，重点对农民群众意见最大、反映最强烈的农林特产税的征收和计提办法进行规范和改革。改革之后，全县面向农村和农民的赋税，一是农业税；二是农业综合税；三是农林特产税。其具体操作办法是：（1）农业税按地亩征收，以前三年粮食亩均常产结合当年夏粮征购价格计提计征，原则上一定三年不变；（2）将乡村“三项提留、五项统筹”改为农业综合税，以不超过前三年农民人均纯收入平均数的5%进行计提收取，一定三年不变；（3）对农林特产税（主要是苹果、酥梨等经济作物）按实际挂果面积的前三年亩均常产结合当年市场价格确定亩均赋税，在果品销售基本结束时集中征缴；（4）对农村“两工”按“四议两公开”和“一事一议”的规定，年初一次确定，半年和年终进行平衡算账。其中，农业税和农业综合税在夏粮征收时以征缴实物和现金的形式一次征清，因夏粮歉收等特殊原因也允许分夏秋两季完成农业税和农业综合税。

合阳县承担的国家和省市农村税费制度改革试点和扩大试点，历时近三年，取得明显成效，得到农民认可。对此，国家改革试验办持续关注，印发试点情况简报，省市领导给予充分肯定，中纪委研究室从规范和减轻农民负担的角度向全国编发了简报，时任陕西省委专职常委分管农村工作的栗战书同志两次来合阳检查调研指导试点工作，给予充分肯定。同时，从三年试点的实际效果看，试点的成效的确很显著。其具体情况是：当时合阳县耕地面积 100 万亩，其中，苹果、酥梨等果园面积 36 万亩。全县来自农民土地的赋税状况是：农业税 1300 万元，农业综合税 900 万元，农林特产税 2500 万元，农水“两金”（农业发展基金、农田水利建设补偿费）各 100 万元。以上总计为 4900 万元，亩均税赋 49 元。通过改革试点实行农业税和农业综合税制度后，农业税保持相对稳定，赋税更加公平合理；农业综合税计提征收得以规范，过去乡村两级巧立名目多提多收、胡支乱花等现象彻底纠正，农民此项赋税明显降低，全县平均由原来占农民人均纯收入 5% 甚至超过 5% 下降到 1.8% 到 2.3%，下降幅度达 20% 至 40%；农林特产税大幅下降，税赋明显减轻，由原来亩均 300 元至 400 元减少到 200 元以下，减少幅度达 30% 多，并有力有效保护了苹果、酥梨产业的长期稳定发展，特别是通过规范计征办法，较好地解决了乡村组在县上下达任务之外层层加码的问题，不仅县上的财税收入并未减少，而且使农民来自产业方面的赋税更加透明公平合理。现在回头来看，那次农村税费改革制度试点还是非常成功的，其最突出的成效是切实规范和减轻了农民负担，坚决杜绝了各种不合理负担，这在当时农民收入水平整体还较低的情况下，意义十分重大。记得当时在召开试点成果评估座谈会上，自己有感而发讲过这样一句话：“税费制度改革后，即使农民在地里种黄金，政府也不能眼红了”，此话博得与会人员一阵极为热烈的掌声。特别值得一提的是，试点中合阳县就提出建议，税费改革要着重解决赋税过重、赋税不公和重复征税问题，然后逐步减免取消农业特产税和农业税。同时，更加令人欣慰的是，自那次税费制度改革试点和扩大试点之后，随着改革开放的深入和整个经济状况的持续好转，国家逐步减免乃至最终在全国取消了农业税、农业综合税和农林特产税等来自农业领域的各种赋税，并对农业实行多项补贴政策，现在全国农民来自国家的农业综合补贴共计 14

项，年户均千元以上。在农村税费制度改革的基础上，国家紧接着实施了对整个财税体制的改革，特别是对中西部地区实行财政转移支付的重大政策，从此县乡财政状况逐步好转，保障能力显著增强，农民负担问题得到彻底解决，农村一度党群干群关系紧张的状况明显改善。据财税部门提供的情况，现在国家对合阳县每年的财政转移支付加上各种政策性专项安排，全县年财政总支出达25亿元以上，其中县级财政年收入仅2.4亿多元，主要来自地税和工商税，与农业农民无关。

20世纪90年代中期，中央在国家农村改革试验区和合阳、正定、太和、湄潭等县市区开展的农村税费制度改革试点，具有划时代的重大意义。中国的改革开放是从农村发端的，农村税费制度改革乃至整个农村改革取得的重大成就是中国改革开放40年伟大成就的一个重要侧面、重要历史见证。应当说，中国现在就处在这样的盛世，衷心企愿“皇粮国税”的历史永恒，“皇粮国税”的记忆永恒！

退耕还林　始于吴起

郝　飚

1998年，吴起县率先在延安市开展了大规模的封山禁牧、退耕还林。这一发展思路与1999年国务院总理朱镕基在延安提出的“退耕还林（草）、封山绿化、个体承包、以粮代赈”的十六字方针不谋而合。当年，吴起县退耕还林的发展思路对改善当地的自然生态和人居环境以及可持续发展都起到了典型引路和示范的作用。

问：郝主任，您好。您刚到吴起时，吴起的实际情况是怎么样的？

答：我是1995年7月到吴起当的县长。当时，吴起是延安地区最贫困的县。石油工业刚刚起步，县上成立不久的钻采公司年产量只有3万多吨。吴起的气候条件、自然条件在整个延安地区是最差的，海拔高、无霜期短。吴起最高海拔是1800多米，最低海拔也在1200多米，无霜期最短不足百天，无法满足庄稼的正常生长需要。又因为靠近北边的毛乌素沙漠，土壤沙化严重、盐碱大。过去当地农民种烤烟，春天烤烟育苗的时候，吴起河里的水都不能用来浇地，一浇秧子准死，这水连牲口也不喝。为什么？因为水里面的盐碱含量太高。当时人们戏称吴起是延安的西藏，把到吴起县工作视为危途。当时有一句顺口溜这样说：“宁向南走一天，不向北挪一砖。”

我担任县长的那一年，县上的财政收入只有 1072 万元，困难可想而知。但困难再大也得干，让当地农民尽快脱贫致富是当时的首要任务。经过大量的调查研究我们得出这样的结论：尽管吴起的自然条件差，但掠夺式经营、广种薄收和过垦过牧才是导致生态环境严重退化的重要原因。当然，吴起也不是一无是处，它有它的优势。吴起的优势就是土地面积大，当时实际耕种面积达到了 180 多万亩，而农业人口只有十多万，也就是说人均有十来亩土地，但这种优势却成为制约吴起发展的劣势。为什么？正因为土地面积大，广种薄收就成了吴起农民的传统耕种方式。吴起十年九旱、十年九灾是常有的事，过去老百姓之所以广种，是因为种三年两年都收不了，但是有一年抓住了也能吃几年。因此，农民在种地上投入的精力就特别大。从开春到秋后，一年四季都在地里忙活：春天开始，种一茬玉米，不下雨死了；再种一茬豆子，不下雨还是死了；再种一茬糜子，要是还不活，到了六七月份就再补种一茬荞麦。我到吴起那一年，9 月 6 号下霜，把荞麦花冻死了，当年荞麦都绝收了，冬天里荞麦秆还长在地里。所以说，与天斗，人永远不是老天爷的对手。而且人也被折腾得够呛：翻一遍、耕一遍、种一遍、锄两遍，五遍下来，劳动强度很大，这还不算把庄稼从山上背下来颗粒归仓的过程。

这就是吴起县的实际情况，当时我认为吴起的农业几乎走进了死胡同，如果再不修复生态，农业生产就没有出路了。

问：您上任之前，吴起在改善生态方面做了哪些探索？

答：1995 年以前，吴起历年都进行过植树造林，但成效都不大。

问：为什么？

答：这要综合分析。一个是产权问题，那时候的体制是大集体，造的是集体林，与个人利益不挂钩，农民当然没有积极性。当时造林还出现过这样的怪事：农民种树时把树梢埋在地里，树根露在外面，这不是糊弄人嘛，竟然也没有人追究！另一方面就是没人管护，前脚栽的树，后脚就被羊啃掉了树皮，这树还能活吗？

我们当时调查，退耕还林以前，吴起的养羊户占整个农业人口的 18.2%，一个村子也就五六群散养的羊，但可别小看这五六群羊的能耐，有了羊，林子就是长不起来。其实，放羊的成本也很高，一群羊 40 只到 60 只，从羊羔长大到宰杀，一年收入也就是几千块钱，同时还要雇人放羊，羊倌的工钱也得 3000 多元，根本不划算。

问：郝主任，从你上面的介绍我可不可以这样理解，吴起县推行“退耕还林”是顺应社会发展的应有之举。

答：可以这么讲。当时，我们之所以敢提出“退耕还林”，不仅是出于保护大多数人利益的需要，还是因为有群众基础。我了解到，20 世纪 80 年代，吴起新寨乡有个乡党委书记，在他那里搞过退耕还林，当时因为没有考虑综合因素失败了。而五谷城乡五谷城村马嵝岘村民小组的造林就比较成功。这个村民小组从 1984 年起搞封山育林、种草养畜。经过 13 年的努力，到了 1997 年年底，全村人工牧草面积达到 1200 亩，人均 11.3 亩，林地面积达到 2360 亩，人均 22.3 亩，森林覆盖率 47.7%，荣获全国造林“千佳村”。还有，吴起北部无定河流域的周湾、长城两个乡镇，原来在全县气候条件最差，1983 年被列入国家重点治理区，自从两个乡镇开展综合治理以来，流域内累计造林 31.3 万亩，种草 0.5 万亩，林草覆盖率达到 54%，治理度达到 75.7%。自然气候状况明显改善，年降雨量比治理前增加了 100 多毫米，无霜期延长了 20 多天，干旱、大风、霜冻等自然灾害发生次数也明显减少。这些试点地区的成功实践，给了我们深刻的启示，也为吴起推行退耕还林提供了现实的借鉴。

问：吴起县的发展思路为什么是“封山禁牧、退耕还林”，而不是发展苹果或者其他的产业呢？

答：这是从吴起县情出发提出来的。当时延安南部洛川等地的苹果产业发展势头良好，但发展苹果产业在吴起不可复制，主要是因为吴起无霜期短，种苹果的话，4 月 8 号前后下一场霜、雪，苹果正扬花呢，花全冻死了，那就不行。黄河沿岸的红枣、花椒、核桃也形成了气候，但是这些经验做法在吴起都不适用。

在陕北，尤其是吴起这个地方，光靠种粮，农民肯定富不起来。要大规模搞工业、加工业、制造业，受地域、交通、环境等因素的影响又太大，工业基础和群众文化素质也决定了不可能很快搞上去。1995 年我上任以后，先是深入基层了解情况。1996 年冬天又进行了大量的调查研究，对吴起县情有了基本的认识。我认为，吴起地下有石油，而且资源很好，这是它的优势。从长远看，发展石油产业肯定是吴起经济收入的主要来源。在农业上到底如何发展农村经济，让农村人都富起来，这对吴起来说是个大事，也是个难点。因为已经在延安地区、关中地区或者其他地区被实践证明相对成熟的思路在吴起都不适用，所以我们必须立足吴起实际，走出一条有自己特色的发展路子。

我们调研后发现，吴起有 550 万亩国土面积，有 180 多万亩耕地，还有大量的荒山荒坡为天然草场。但是 18 亩地才能承载一个羊群单位，而且草场是公共的，大家谁也不爱惜，这群羊过来了，那群羊过去了，反复啃食，对草地造成毁灭性破坏。在 1996 年大量调研的基础上，1997 年我们得出一个结论：破坏生态有两大元凶，一个是过垦，一个是滥牧，扼制这两大元凶的办法也只有两条：一是退耕还林，二是封山禁牧。

问：封山禁牧前，吴起做了哪些准备？

答：封山禁牧思路的提出拥有广泛的民意基础。从干部到普通老百姓，对吴起的恶劣生态环境都有切身体会，当时林牧矛盾尤为突出。由于草场载畜量过大，加上羊子放牧的无政府状态，对植被构成严重破坏。年年植树不见林，林地管护难度大，农民的造林积极性受到极大挫伤。

我们首先从解决产权入手，把荒山荒坡通过拍卖、划拨，分到一家一户，使这些荒山荒坡成为家庭私有财产，谁栽树谁受益，充分调动了群众的造林积极性。其次就是抓示范点，让示范点发挥典型引路的作用。1996 年，我在新寨乡杨庙台村抓点的时候，我就给他们说："把村里 25 度以上的山地全退了。"群众反问我："退下来，口粮问题怎么解决？"当时我是县长，我说："如果你们退了吃不上粮，我给你们发粮，全县人吃的面我发不起，一个村子的粮还是能发得起的。"就这样，这个政策在杨庙台村执行了一年以后，第二年农业经济不降反升。实践证明这条路子是可行的。

当时，吴起的退耕还林在全国是第一家，我们一开始就立足自力更生，没有打算靠国家。底气在哪里？因为吴起的土地面积大，回旋余地也大。当时我们定了用 5 年到 10 年时间把 25 度以上的坡地逐步退下来，同时把王洼子和铁边城两个乡镇留下来没有退，作为参照系，准备日后和退耕还林的级镇做比较，看看效果到底怎么样。结果到 1998 年 11 月，这两个乡镇说，这条路子很对，如果把他们继续留下来不让搞退耕还林，他们将来非落后不可。后来，在这两个乡镇也推行了退耕还林。

问：当时你们搞“封山禁牧、退耕还林”，外界怎么看？有没有遇到阻力？

答：没有阻力是不可能的。吴起推行“封山禁牧、退耕还林”，压力还是比较大的。不理解的农民说：“几千年我就这么生存，你新来个县委书记，就要给我把一项产业掐断。”甚至有人来县上上访。接待上访群众时，我就给他们算经济账：“你能算过我咱就不改了，就按你的来，你算不过我，你按我的来。”“你几千年那样搞你没有富。”“你养四五十只羊，一年也就收入几千块钱，光羊倌工资就三千多，根本不划算。你把地种成林子，稍微带一点山桃山杏等干果，收入咋都比这多。”我就是通过反复地摆事实、讲道理，逐步化解了群众心里的疑虑，所以当时没有一个人再到市里上访。当然，主要是我们班子好，大家齐心协力，没有不同声音。机关干部、基层干部、乡政府、生产队，大家都很配合，共同做疏导解释工作，最后就形成了各乡镇互相比赛的工作局面。

当时真正的压力来自县外，还有上级一些部门，甚至省上一些部门，他们不具体调查吴起是什么情况，就说，你们胆子也太大了，把一项产业说“枪毙”就“枪毙”了，批评指责很多。但是，我们县上从上到下实施退耕还林的决心是坚定的，吴起的局面也是稳定的，我们一致认为推行退耕还林是符合吴起县情、遵循自然规律的举措。也有人对我说你这样做政治风险太大，我当时就说：“你就是把我处理了，过上十年还得给我平反。”上级领导刚开始也拿不准对和错，后来市上也表态支持了。

这里还有一段趣事。2001 年，国家西部开发办副主任段应碧来吴起实地调研。吴起实行退耕以后，山上的兔子马上就多了起来。段应碧到了武谷城的山上，发现一堆一堆的动物粪便，他以为我们在做表面文章，禁牧并不彻底。后来我们让当地农民专门上山对动物粪便进行鉴识，农民说，这是兔子粪，羊粪是椭圆形的，兔子粪是圆的。后来，段应碧在写给朱镕基总理的报告中还专门提到了这个细节。

为了解决退耕还林后粮食不足问题，县上提出：加强农田基建工作，确保达到人人二亩基本农田，未达到人人二亩的村，按1∶2留足“坡改梯预留田”。而且允许在幼林地里间套两年。同时，加快种草和舍饲养羊力度，力争当年见效。我们当时的改革步子是跨得很大，但当年的农业经济并没有下降，不论是谁冷嘲热讽还是砸洋炮，我就反问：“吴起农村经济没有下降，农民没有大面积上访，我们何罪之有？”

问：吴起在封山禁牧、退耕还林过程中还做了哪些探索？

答：1997年我们就提出“羊子双改”。首先是改革饲养方式。由过去的无政府状态放牧改为舍饲半舍饲。所谓舍饲就是把羊圈起来，把饲草拿回来喂；半舍饲就是等春天草长旺了把羊放出来，11月草败了，再把羊圈起来。其次，我们还不断改良品种，将过去的山羊换成适宜舍饲的肉用羊。县上引进的主要品种是小尾寒羊。小尾寒羊按肥羔羊生产，半年即可出栏，3月份的羊羔到九十月份就可以出栏，冬天只留下母羊和种公羊，这样在没草的时候，养羊总量就减少了。小尾寒羊繁殖能力强，吴起最多的一胎产过7只。个体大、育肥快、繁殖力高，可以尽快形成递补产业。

事实上，吴起从退耕杀羊到后边舍饲养羊，老百姓并没有吃亏。当县上淘汰土羊、大量杀羊的时候，周围地区还没有搞，羊肉的市场好，老百姓赚了钱。后来，朱镕基肯定了我们的做法，退耕还林在全国渐成气候，新疆、甘肃、内蒙古，包括贵州、四川等省区都来吴起参观学习，纷纷引进种羊，吴起老百姓又把钱挣了。

问：根据有关资料，吴起退耕还林时还实行了轮牧政策。为什么这个政策没有执行下去？

答：我们1996年冬天搞调研，1997年出台了“羊子双改”措施。理论上说，这块地今年休牧，明年就可以放牧，我们当时叫轮牧。1997

年执行了一年，因为受传统观念的影响，加上农民自身的习惯，很难普遍遵守规矩。他把羊放到了那个山旮旯，你说这块草今年不能放，要到另一块草地去，能管过来吗？因此，实行轮牧，没有行得通。羊对自然环境的破坏是很厉害的。我们当时形象地说羊身上带了“四把刀子一把钳子”。“四把刀子”指四只蹄子，专门刨食草根，“一把钳子”指羊的牙。冬天没草，它就用四个蹄子把草根刨出来，然后用牙把草根拔起来；春天树和草的幼苗刚长上来了，羊过来一口吃了，这个树或者草就没了，导致生态逐渐恶化。因此，从1998年开始，村、乡干部要求采取断然措施，实行完全封山，谁的羊都不准上山，同时大力扶持舍饲养羊。扶持养羊采取了很多鼓励政策：县上健全了牧业服务体系，财政挤出钱来培植畜牧业，同时发动干部联户扶持，每个乡还配了两台小四轮、草粉机、铡草机，轮村给群众加工草，当年养的羊当年就见效了。其实，舍饲养羊理论上可以无限大。当时的天然草场18亩地养一个羊群单位，但人工草场一亩地养两只羊没问题，还可以到外地买商品草。特别是羊肉市场，国内外从来都是供不应求。这就解决了产业调整可能出现的收入降低问题。

从轮牧到禁牧，遵循了一个道理：干任何事都要从实际出发，有堵必须有疏，保护群众利益，新政才有生命力。

问：实行全县大面积退耕还林，树从哪里来？

答：一开始退，栽树没钱是个实际问题。吴起干旱严重，又是高海拔地区，土壤瘠薄、沙化严重。如果把普通的树栽到山上，长几十年还是小老头树，也不挂果，刚能维持生命，也无法繁殖后代，有的树梢上都是黄的。所以，我们刚开始就确定把价格便宜、适应性强的沙棘作为先锋树种在吴起栽种，因为如果不先上沙棘林就成不了气候。只有种上沙棘，才能固水固氮，然后再在沙棘林里种乔木，才能长起来。

沙棘在吴起土名叫黑刺儿，是一种地方灌木。我刚到吴起的时候，吴起有70万亩沙棘，是全国第二大沙棘县，第一大县是山西苛岚县。开始种树的时候因为没钱，就大量种植沙棘，一来二去，吴起就成为全国第一大沙棘县了。

刚开始退耕还林，主要是种沙棘和柠条，后来县上有了钱就开始在沙棘林里种松柏树。在造林方面，我们的思路是造经济生态复合林。就是把地退下来，近一点的能种草的就种成草来养羊，距离远一点的就种经济林，山桃、山杏等干果的产出要比种地的收入好得多。后来，我们又提出林地里可以种药材，实际上就是现在林业部门提出的搞林下经济。这样，地退下来了，生态恢复了，既涵养了水土，林地里又有收入，而且比种粮还强，确保农民不复垦。

现在吴起由延安最穷的县变成了延安最富的县，2013 年地方财政收入 37 个亿，2014 年可能更多。

问：回顾这段在吴起推行封山禁牧、退耕还林的经历，你有什么感受？

答：我认为吴起搞的这一套在西北地区具有极好的推广前景。比如像宁夏、甘肃的一些地方降雨少，纬度比咱这里还要高，温度、湿度都不如吴起，在这些地方你硬要搞种粮肯定不行。因为它天然降雨和粮食作物生长是反的，你不像南方，人家鱼米之乡，正插秧的时候是梅雨季节，咱们这边种庄稼和长庄稼的时候就没雨，庄稼成熟了到了雨季了。所以我们认为吴起这个地方从自然规律上来说，应该是适宜林适宜牧的地方，不是适宜产粮区。当然你说几千年来为什么都产粮，因为当时交通等各种因素的限制，就不可能把外地的粮弄过来，你要吃粮就得硬着头皮种，实际上和大自然是一种抗衡，现在我们的理念就是顺应自然，自然规律适应种什么作物咱们就种什么作物。通过改革开放的十几年，朱镕基对全国的判断就是粮食已经阶段性过剩，也就是说全国有粮了，而且实行市场经济，可以交换，我这儿适合搞林搞草搞牧，就可以搞肉蛋奶、林产品，然后我们可以和中原、东北进行商品交换，这个也就是改革开放以后才可以搞，如果还是以前的计划经济就不行。我们当时提个概念叫“避灾农业”，我们和大自然抗衡肯定抗不过，所以，我们要顺应大自然的规律，我们不是抗灾是避灾。你冻，我们就找个不怕冻的作物，你旱，我们就找个能避开旱的作物。

封山禁牧方面，过去因为都是乡政府强迫命令，不让农民放羊，效果并不好。我当时就说，封山禁牧咱们不能光堵，要像大禹治水一样，该堵就堵，该疏就疏。一方面不让上山放牧，另一方面大力扶持舍饲养羊。而且相关的制度改革也要配套，像林地、荒地的产权，必须划分到各家各户，成为家庭财产，受物权法保护，形成从政策扶持到制度保障的一系列完善的工作措施，确保农民的利益不受侵害。

在绿化过程中，我们坚持“双赢”目标，凡退耕地，在大面积种草、发展舍饲养羊的同时，林地普遍营造生态经济复合林，使退耕在完成生态修复的同时，林特产收入高于过去的粮食生产收入，确保农民群众在利益推动下，退耕地不复垦。加上荒山荒坡绿化，充分利用闲置资源，发挥了全县土地资源广大的优势，由广种薄收、单一粮食生产的传统模式转变为既可有效利用天然降水，又具有“避灾”效用的林、草、牧业，把生态修复寓于农村经济建设的整体过程之中，逐步走出一条干旱半干旱地区农村经济良性发展的“双赢”之路。

（牛金鹏　采访整理）

生态农业让延安的山变绿人变富

周万龙

问： 您好！我想您无论担任过多少职务，延安人最习惯称呼您的还是市长，今天坐在这里采访真是一种荣幸，您是怎么想到在退休以后还要继续搞生态环境建设？

答： 我感觉到生态环境的建设对于我们国家来讲是非常大的事情，因为生态环境是人们生存的最基本条件，如果没有生存条件，怎么去发展经济。加上我是个土生土长的陕北人，在这黄土地上长大，黄土地的一草一木和这里的老百姓养育了我们，党培养了我们，所以我们应该把这里的生态环境（作为）一个长期的战略继续抓下去，造福于老百，造福于子孙后代。

问： 在宝塔区工作的时候，无论是国家的政策还是当地干部群众的思想以及各方面的条件，都还不具备搞生态环境建设的条件，您是在一种什么样的思考下建设“生态农业”这个战略目标的呢？

答： 当年老百姓不会接受这个问题，为什么呢？当时因为我们在一个越垦越穷，越穷越垦，越生越穷，越穷越生，这样一个情况下，老百姓特别贫困，最后开得山是光的，土是黄的，水是浑的，窑是烂的，人是穷的。当年我在志丹工作的时候，在县委当县委书记的时间，张台有一个大队，那时叫大队不叫行政村，那个地方的老百姓人均种地在30

亩以上，但是一年下来，把那个山山洼洼都开光了，人均生产粮食不到250斤。留过种子基本就是八九十斤粮食，他要吃糠都没有的，所以是一年比一年穷，最后我给他们说越开越穷，越穷越开，开的是娃娃认不得爸爸，昨个说是认不得爸爸了，因为你天不亮走了么，娃娃还睡觉着哩，晚上回来娃娃又睡着了，吃饭又在山上，就这么受苦，老百姓家里头，你看东西荡然无存，家里所有的家当折合起来不到100元，再这样下去真是没办法生存了。那时间我常思考，种得多不是个办法，种多不如种好，所以我认为要改变这儿的贫困，首先要改变生态环境，只有把生态环境改变了，给我们创造一个非常好的环境，这样我们才能把经济建设搞上去。

问：看来关于这个想法您是思考了很长时间，那您觉得您这个想法在当时能行得通吗？

答：当时这个想法是经过调查研究，抓过典型的，当时我们延安树立了十个典型，我当时为啥（认为）能把这个事情（办好），一个是历来党中央都对生态环境非常重视，毛主席说把黄河治理好，江泽民同志1989年视察（庙沟）时说把水土流失治理要搞好，1995年1月15日，胡锦涛总书记视察延安时，我陪他到东二十里铺山上，他在山上讲，一定要把生态环境搞好，只有把生态环境搞好，（才能）使延安经济又快又好的发展。当时我们抓了庙沟、罗沟等十个村子，我们对这些村子都进行过退耕，然后我们当时是退地不退产，退地要增产，要改变种植方式提高单产，然后退出来的土地我们就可以恢复生态环境，把生态用地和生产用地区分开来，非生产用地必须要有一个科学的、合理的结构。这样使可持续发展形成一个良性循环，所以对这种情况我们有典型，有实践，又有中央领导的指示，又有现实这种评估的状况。通过这些典型，通过宣传中央领导的一些讲话，我们就可以把这些思想认识不到位的人，可以统一思想，统一认识，这样我们就形成把生态农业必须要搞下去。

问：实践的结果怎么样？

答：实践的结果我们认为非常好，实践的结果我们是钱粮双过千，当时在延安来讲我们是搞得最好的，老百姓越来越富了，山越来越绿了，群众越来越高兴了，党的政策落到实处了。

问：那么当时在大家对生态农业这个概念思想还不成熟的情况下，你提出这么一个大的概念人们能接受吗？

答：一开始还是有些不接受，当时有的（人）开会，说我们提出生态农业是乱提口号，上面有些地方提出四大主导产业，你就提了个生态农业，当时我们也给他解释这个问题，我们说生态环境是人们生存的最基本条件，举个例子，一个国家瘟疫战争消灭不了你，但是生态环境彻底恶化可以自毁灭亡，这个国家可能不会存在，像我们家乡统万城，过去也是满目青山，牛羊塞道，到处是一片绿，但是后来沙化以后，这个地方，这个城池就慢慢消失了，我们给他们举了好多的例子，搞了好多调查，问题是你要改变人们根深蒂固的传统观念，可不是一件容易的事，你怎么统一大家的思想。统一大家思想，一是有中央领导的讲话和中央的政策，二是典型，我们抓了典型，通过实践，然后再是我们祖祖辈辈开荒种地，我们祖祖辈辈穷，用这些来教育和统一，然后慢慢达到统一思想。

问：当时有压力吗？

答：当时有压力，但是我们想再大的压力，我们当时提出看不准的东西不动手，看准的东西不放手，我们把这个生态农业干不成就不松手。

问：你给我们举一个很具体的例子，讲一讲当时的矛盾和冲突。

答：我们班子思想很快统一了，外部的压力比较大，外部比我们高一些的领导，说我们这是胡闹，但是我们当时认定这个是正确的，在会上批评我们，也点过名，你批评你批评，我们认定我们干的是正确的，是符合党的利益，符合群众利益，符合经济发展。人们共同生活在一个地球上，人们如果不搞生态环境建设，不保护生态，对人类来讲将危及子孙后代。

问：那压力还来自哪些方面？你怎么去面对？

答：当时你要搞退耕，要搞植树造林，当时没有钱。当时的财政收入在延安来讲还算是可以的，年均财政收入一千万，突破千万就是很不错了，但你只是一个吃饭财政，你要发展经济，要搞生态环境的绿化，搞退耕、育苗，你要钱，当时我们就想，这是我们压力很大的一部分，当时我们就提出自力更生艰苦奋斗这个精神不能倒，我们讲要育苗的时候，我们是四字方针，自产种子，自己育苗，自己嫁接，自己栽。市上五套班子一人十斤种子，干部一人五斤，农民一人五斤，学生娃娃一人二斤，这样我们就育了一万亩苗子，这样我们就一分钱不用出，就把它栽上了。

问：发动群众！

答：发动群众，靠自力更生发动群众，依靠群众来治理这个千沟万壑。

问：当你把植树造林，发展林果、草牧、粮农这种生态农业型模式推行到基层农民那里的时候，看到大家都轰轰烈烈地去干这个事情，你当时是一种什么样的心情？

答：我当时感到任何时候都相信群众，群众是创造历史的英雄，离开了群众，离开了党的政策，离开了典型和实践，那你什么都行不通。

问：大家在搞这个生态农业型模式，把这个变为现实的时候，你也到了田间地头去跟着他们一块干，是吧？

答：那时候不仅我跟大家干，所有我们的乡镇书记、乡镇长，我们几套班子大家都干，当年我在延安市干了十年市长，当时我们认为这些事情能干成干不成，能干好干不好，有没有困难，我们都考虑到了，我们说有困难，办法总比困难多，只要在党的领导下没有办不成的事情。当时到德国去，到欧洲看了以后，人家就没有裸露的黄土地，看到的是水是清的，地是绿的，种的粮食很少，但产量很高，环境非常好，我想外国人能办到，中国人更能办到。当年我到那晚上睡不着。

问：为什么睡不着？

答：睡不着是因为我想要急于改变我们这儿的贫困，要搞生态环境，要建设生态农业，要搞循环经济。

问：对“退耕七十七，抓好三个百，建成一个五，改造一六三”的总体方案，进行了具体的设计，这四组数字分别代表什么？

答：当时 3700 平方公里我们把它换算成亩数，当时我们上报的面积是 77 万亩，航测以后是 177 万亩，在这 177 万亩里头提出要退掉77，先退掉77万亩，然后是抓好三个百就是搞好一百万亩种草，这一百万亩种草就是养羊，发展畜牧业再搞好一百万亩造林，这是一百，这样加起来三百万亩，再然后搞建成一个五，搞50万亩经济林，这样我们就户成园，村成片，乡成带，市成网，改造一六三就是我们对163万亩次生林进行改造，栽上松树、柏树，再栽上其他树种，搞成生物多样性，使我们的环境更加美，这样我们就形成一个山变美，水变清，人变富，村变美，使延安真正是一个美好的延安。

问：看来生态环境建设，凝聚了您很多的心血，现在说起来都是如数家珍，那么您还说到，生态农业的战略目标是要把延安建成现代化生态农业市，什么才是现代化生态农业市？

答：当时认识是这样的，我们认为延安的劣势和优势并存，过去一个外国人曾经说我们延安这个地方没有生存条件，我最后给他说，我说我们这个地方改革开放，南方走水路，靠江边、海边，我们走山路，我们这叫逼上梁山，我们穷也在山，富也在山，希望也在山，我们在山就要搞生态农业，搞生态农业就是要靠农业三大革命，要农耕思想革命，要和旧的那种传统的落后的彻底决裂；二一个革命就是种子革命，农、林、牧必须要有优良品种。以换种为突破口，一粒种子可以改变一个世界，种子是我们增产增效的核心；三是耕作制度革命，把我们过去的水土流失搞成垄沟种植，保土、保肥、保水，三保一增，这样我们提高单产，腾出的土地退下来，不影响老百姓搞生态。搞生态我们的理解上，是搞生物链可持续发展，这样形成草多、畜多、粮多、钱多，使老百姓一天比一天富裕起来。老一辈无产阶级革命家当时是红色革命，它是解决一个政权，推翻一个旧的王朝，建立一个新的中国，让老百姓站起来，让中国人民站起来，富起来。我们现在是要搞绿色革命，这个绿色革命我们要解决人们和生态之间的矛盾，所以我们的生态农业当时提出必须要可持续发展。

问：当听到朱镕基总理在我们延安提出退耕还林的这十六字方针时，您一定又有许多新的打算和思路吧？

答：朱镕基总理一讲后，我感觉抓到根本上、抓到老百姓的心坎上了。我一直从基层工作几十年，一直与黄土地打交道，多年梦寐以求的事情，我就想朱镕基总理在这上面是更加深化，更加提高，更加肯定，又指明了方向。我就晚上睡不着觉，觉得总理把这事情看得远。所以我认为我们这个生态环境建设，我们这个国家，咱自己过去搞得完全是正确的，没有错。

问：听了十六字方针以后，很多人都和您一样度过了不眠之夜，随后您就到省山川秀美办公室担任主任，每次回延安的时候，自己会不会不自觉地和您心中曾经的现代化生态农业市的设想做一个对比？

答：回到延安以后，我看到延安的生态环境发生了一个翻天覆地的变化，我当然是非常高兴。现在回来一看以后，山真的全都绿起来了。你现在要想找一块大的裸露的黄土，裸露的黄沙，确实是非常难找，我感觉到这个变化是靠政策，靠党中央，靠老百姓去改变的，特别是我到吴起去，可以说山变绿，水变清了，吴起变美了，人变得越来越富了，给黄河输送的泥沙是越来越少了，吴起人民不给黄河送泥沙，是我们西部人对东部人的最大支持。

问：那么您在退休的时候，您心里最担心的事是什么，最希望的事是什么？

答：我最希望的是生态环境，退耕还林能继续抓下去，延续下去，最担心的是怕生态环境反弹，怕反弹以后又形成原来的恶化。

问：最盼望的是什么？

答：最盼望的是让我们陕西，包括延安应该消灭裸露的黄沙，消灭裸露的黄土地，应该和国外一样。到国外看，我感觉我们中国现在城市的建设不比他差，甚至有些比他还美。最终的两个问题我感觉到，一个是生态环境我们还是比不上人家，第二是农村的建设我们比不上人家，所以中央提出了建设社会主义新农村我认为这是一个伟大的战略，但是建设社会主义新农村，生态环境也必须要搞好。

问：建设生态农业可能是您心中一个永恒的梦，您觉得这个梦能够完全实现吗？

答：我认为完全可以实现，特别是胡锦涛总书记第二次又到延安，到安塞调查了户，看了山上的树，对生态环境作了重要指示，还要求要搞好山川秀美工程，温家宝总理也对生态环境非常重视，党中央非常重视，政府也非常重视，我认为中国生态环境的建设是越来越好。

问：现在回过头来总结你在生态农业建设中所作的实践和思考你首先会想到什么？

答：要从实际出发，实事求是，调查研究，咱讲实事求是。这几年改革开放以后，我们发展了，但是我们基础还是比较脆弱的，所以现在的问题不是说哩，现在是要干，少当裁判，多当运动员。个别的地方，当然不是整体，运动员还没上场，裁判倒把运动员吹下去了，所以中央不是讲要真抓实干嘛，我们认为现在要害的问题还是要真抓实干。

问：您在这个生态农业建设中有许多探索和实践，也有许多的经验，你觉得最重要的一点是什么？

答：最重要的一点从我来讲，这个问题从我来讲要坚定信念，要从实际出发。我过去搞过调查，我觉得应该是北草、南林、关中经济林网化，我的理解是要搞循环经济，可持续发展。

（赵江　采访整理）

政协工作经历

赵兴国

1993 年 8 月，我从榆林专署的常务副专员退下来，担任政协榆林地区联络组主任。榆林政协的前身是 1986 年成立的政协榆林地区联络组，刚开始设在统战部，业务也由统战部代搞。1988 年机构单设，建制升为县级，第二年又升级为地厅级，同时成为中国人民政协陕西省委员会派出机构。我上任不久后的当年 10 月份，政协联络组改为了政协工作委员会，工作职能和范围都有所扩大，我处在这一改革的关头，也在政协做了一些事情。

端 正 心 态

我刚到政协的时候，不少人都认为政协工作就是混日子。有人说，老赵，你从行署那么忙搞常务，现在到了政协终于能休息了。当时，政协联络组还没有办公楼，12 个人的办公地点是旧地委的两孔窑洞。我心里想，就凭这哪个同志能看得起政协？政协的同志们精神状况也不好，认为领导不重视，社会没地位。了解情况后，我主要抓了几件事，首先就是大家的思想建设。

我召集大家学习党的有关政策，把大家的思想振作起来，统一认识政协在新的历史时期的地位和任务。我跟干部们做工作说，你不能拿政协和地委比，地委是领导机关，大家都很神气。中央为什么要搞政协工作？政协工作就是统战工作，在党的全局任务中很有意义。比如我们榆林走出去的国民党将领杜聿明，新中国成立后在政协的文史委工作，笔耕不辍，为近代史研究提供了宝贵的材料，这就是政协的成绩。

步 入 正 轨

政协当时只有两孔窑洞，12 个人挤在里面，办公桌都不好放，所以要改变办公环境。我跟常务副省长、省政协申请经费，得到了他们的大力支持，批钱修了办公楼，就在今天的旧地委旁边。我们政协分到了一层楼，每人都能有一个办公室，办公用具也是全新的。我们还为政协的同志新修了家属院，在西沙治沙所旁边。一人一套二层楼房，这样就把同志们的积极性调动起来了。

政协的工作之所以打不开，关键是同志们信心不足。我解决了年轻干部升职难的问题，提拔了六个县级干部、四个科级干部，提升了同志们的信心，让政协的工作步入了正轨。

工作局面的打开

政协的工作主要通过调研来实现的，我很明确的一点就是政协干部要深入基层搞调研。与经济发达地区相比，榆林地区落后的一个重要原因是非国有经济发展缓慢。从 1994 年起，我们就组织省政协委员、部分县（市）政协委员深入榆林、府谷、绥德、定边等县（市）深入调查非国有经济的发展，形成了《榆林地区个体、私营经济发展状况的调查报告》，1995 年又进行了连续调查，进一步充实了《报告》内容。《报告》中的主要观点和建议被地委、行署 1996 年制定的《关于放手发展个体私营经济的决定》所采纳。当年，我们又组织地委委员就地委、行署已经出台的《决定》落实情况，进行追踪视察，反馈有关问题，将调研成果落到实处。

除了调研之外，我们还抓点。1995 年，我们利用政协的人才、智力优势，与 11 个县政协联合搞起农村“综合科技扶贫点”，按照部署工委领导分工包县，县政协主席包一个乡、联一个贫困村。同志们变原来单一的科技扶贫为科技、教育、卫生、文化等综合扶贫，科技人员在街头咨询宣传，医务人员诊病治病，教师传授经验，艺术团表演节目。农民群众都称赞：“政协把老八路作风带下来了！”比如横山赵石畔有个大坪村，条件好但是经济落后。我们就在这里搞了一个科技扶贫点，修水渠、拉电网、办学校，几年后大坪村的情况就改善很多，成为了我们的示范点。

要发挥政协职能，就要注意开好例会，以前政协的会议很不规范，办公楼问题解决之后，我们才把例会制度固定下来，尤其是全委会制度。定边县将政协全委会先于人代会召开，使重大问题协商在党委决策之前，人大通过之前，形成一个很好的先例，我们及时向全区推广。1996 年以后，各县（市）政协全委会一般均先于人代会召开，围绕《政协工作报告》、党政工作重点、群众关心的热点和社会发展中的难点问题，集中议题协商讨论，发挥了政协参政议政的职能。

四个法门

几年的经验，我对政协工作也有了自己的认识。要主动参与，不参与就没有发言权，也就没有参政权。政协工作，不同于党政工作，仅等待省政协给指导不行，要求行署给安排也不行，它主要是通过提出意见来履行职能的协商参政机关。政协职能履行得如何，一没有法律法规限定，二没有硬性指标要求，干慢了没人追，干不好也不会治“渎职罪”，工作上有较大的弹性。这就需要政协工作者在思想上主动，行动上自觉。唯有主动，才能充分发挥自身的积极性，才能有效地履行政协职能。

政协的作用和形象，很大程度上取决于自身建设。首先领导班子必须努力上进，带头工作，不能抱有退居二线的想法。其次机关干部的素质也很关键，我要求政协干部重视思想认识水平的不断提高和理论、业务的不懈学习，打铁还需自身硬。

和基层政协保持联络，才能形成良好的有机体，利于工作的开展。县（市）政协同志来工委办事，我交代同志们要热情接待，加深关系，尽力为基层办好每一件事。几年来，各县（市）政协真正把工委当作了“娘家”，走动多，联络勤，关系亲密。

人民政协是我国最广泛的爱国统一战线组织，但是，仍有不少人对政协工作缺乏正确的认识，认为政协组织可有可无，是“政治摆设”，这就需要政协主动宣传。我当年在行署负责宣传工作时形成的办法思维，也用在了政协的宣传中。例如我在参加县政协例会之前，都要求县上主管领导也能出席，因为县领导参加例会，本身就是对政协工作的一个宣传。工委把每期的《人民政协报》和《各界导报》送给地委和行署的时候，都会在上面盖一个“政协工委赠”的印章，就是为了扩大影响。我们还利用其他的宣传途径，1995 年，榆林电视台连续播出“政协委员风采”专题片，展现了各行各业 40 多位政协委员的事迹，提高了政协的知名度，让老百姓知道政协委员前进的脚步从未停下过。我在职期间还出了三本书，《调研研究报告选编》、《政协委员风采录》、《政协工作经验汇编》，都有很大的反响。当年，我们就是脚踏实地地干，理直气壮地宣传。

政协的工作在全省都有了名堂后，周雅光、孙天义、王世臣、惠世武等省政协领导都先后到榆林视察，对榆林工委的工作做出了肯定，全省现场会在榆林召开。2000 年地改市后，政协榆林工委改为了政协榆林市委员会，可以更好地发挥政治协商、民主监督、参政议政的职能。我这一生工作了 42 年，在政协 5 年的时间最艰苦，但是我认为最有意义。

（杜双楠　整理）

情倾统战　无悔人生

任月兰

我参加工作共45年，回顾在统战部工作的24年，仍然是心情激动、感慨万分。

一、统战部基本情况

1980年8月我调入汉中地委统一战线工作部办公室工作，当时的部长是许建中，他是1932年参加革命（地下党）的老干部，对统战工作有很丰富的经验；副部长是韩耀庭，他是省委统战部下放到城固改造的离休老干部，也是师大政教系毕业的调干生，号称省委统战部的理论家一支笔。许部长和韩部长在“文化大革命”期间都受过严重迫害打击，关过牛棚受过批斗。我来到部里时，正值十一届三中全会召开后，党的中心工作转移到经济建设上来，全国都在拨乱反正，百废待兴。“文化大革命”期间统战系统是重灾区，因此要落实党中央的政策平反冤假错案，恢复组建各县区统战部和统战工作网络、政协委员会、各民主党派机构等方方面面的事情积累很多，千头万绪。当时部里只有4名干事和2位部长，一共只有6个人，到年底增加到9个人，那时候部里领导才从“文化大革命”的牛棚里解放出来，对党有深厚的感情，有很高的革命觉悟和积极干事的热情，这一点我是记忆犹新，这种精神也始终激励着我后来的工作。

部里人少事多，经常加班加点，我们从来没有休过星期天，每天晚上都是10点以后才下班离开单位，大家晚上不是加班干工作，就是学文件学政策，没有领过夜餐补助和加班工资。同志们白天坐班车到各县区检查指导工作，回来后不管多晚都会主动先到部里看看有没有紧急要办理的事情然后才会回家，从领导到干事都是这样，对夜以继日的工作毫无怨言。老部长特别注重我们新同志和年轻干部的培养，每周二、五都会组织我们集中学习统战工作政策，要求深学深悟，只有我们政策学好了，才能下去给基层讲清楚，才能把政策执行好、落实好。当时部里一共只有9个人老部长还送出去2名同志到省委党校脱产学习两年，两名同志在学习期间认真学习，一到寒暑假就自觉回到单位上班，不休寒暑假也从不因家庭私事请假。我们统战部虽然人少工作任务繁重，但是在夏季三夏、秋季三秋、机关的集体劳动中，我们都踊跃参加，从不缺席拖后腿，时刻服从机关全局安排，老部长常说我们再忙都是部门的小事，要服从机关全局安排。当时的地委书记周雅光还在机关大会上表扬我们统战部干部吃苦耐劳、忘我的精神。地委领导看到我们部里工作很忙，老部长年龄也大，很辛苦，很关心我们，就给部里配备了一部北京吉普专车。

我时常回想那个时代，我们工资都不高，除两位部长的工资上百元外，大家都是几十块钱，我拿38元，生活清贫但过得很充实，大家从不叫苦叫累，没有人争权夺利，争功推过，计较个人得失。从70岁的老部长到每个干事，都是见了工作抢着干，默默无闻作贡献，积极地为党和国家出力干事。部领导带头言传身教，同志们都任劳任怨，甘于奉献。这些美好的记忆，让我认识到一名国家干部应不忘初心、不忘誓言，不忘参加革命的表态，不讲代价，踏实勤奋的干好工作，才能无愧于国家，无愧于自己的选择。

二、组织机构的恢复和建立

“文化大革命”十年浩劫给国家造成了极大的伤害，统一战线是重灾区，统战工作干部和广大的爱国人士受到了严重的打击和迫害。党的十一届三中全会制定了正确的方针政策，邓小平等老一辈无产阶级革命家造福于国家和人民，使中国的革命和建设回到了正确的道路。经过三四年紧张工作和细致的内查外调，截至1983年底，统战工作机构全部恢复正常，工作网络全部组建起来。民革、民盟、民建、民进委员会、九三学社、农工民主党共六个民主党派机构和工商联商会、黄埔同学会，先后恢复和新建。还筹备召开了全区首届华侨、侨眷和台胞、台属代表会。我们还积极协调11个县区党委及时恢复了县区党委统战部、政协委员会，组织机构的建设使党的方针政策和统战工作得以正常落实。党派和政协的组建安排安置党外和非党人士780多名，其中担任县级领导的30名，在政府部门和统战机构担任实职领导有职有权，广大爱国人士得到了新生，激发了他们的爱国热情和激情。

三、民族、宗教方面工作

我们汉中地区回民很多，1982年普查有4000余人，开办的回民小学始建于清朝同治年间，解放后党委政府高度重视，学校从几十名学生发展到700余名学生，其中回民子弟有300余人。十年动荡，学校遭到严重损毁，民族群众意见很大。十一届三中全会后，在党委政府的重视下，统战部积极协调动员省建八公司、3029综合站（中航系统）单位捐款资助修缮，拆除危房、兴建教室，学校面貌焕然一新。1987年学校改名为“汉中民族小学”，1980年升学率为54.3%，1985年达到了

100%，学校各项工作名列前茅，1988 年该校被评为“全省民族团结进步先进集体”，受到省委省政府的表彰。老部长亲临多次协调，落实民族政策，汉中市招收了 17 名少数民族干部充实到统战工作系统，恢复了清真寺、落实了回民的墓地，少数民族群众受到很大鼓舞。

汉中历史悠久，是道教的发祥地之一，历史上东汉五斗米教、1900 年天主教汉中宁羌“燕子砭”教案、天主教城固“古路坝”教堂等中外闻名。十一届三中全会以后，统战部积极落实政策，迅速组建了三自爱国教会，恢复了合法的五大宗教活动场所，受到宗教界人士的好评和拥戴。

原省道教协会理事、汉中道教协会会长魏诚新，自幼出家并参加红军和地下党开展的革命活动。当年国民党追捕共产党员张德生（化名老关，解放后任陕西省省委书记）至城固洞阳宫（陕南道教名观），魏道长让张德生换上道士衣服装成哑巴去挑水，逃脱了敌人的抓捕，敌人抓捕未果用刺刀把魏道长刺伤。“文化大革命”期间，张德生被定为革命走资派，魏道长因转移过他被定为特务叛徒，受到很大的冲击。在落实政策中，统战部许部长敢于担当，亲自带领民政、公安部门的领导，到洞阳宫为其平反道歉，为党承担责任，为魏道长做了妥善的安排使其晚年生活有保障，此举对道长和信徒影响非常大。1993 年魏道长逝世，享年 102 岁。汉中天台山 101 岁的道长何灵善，汉中佛教高僧 90 多岁的释广智，都是统战部门牵头做工作，落实政策进行妥善安置，这些人都成为爱国爱教的著名人士。

天主教著名的爱国主教李圣学年轻时曾到意大利罗马传教大学学习深造五年。1935 年回国后，他先后在河南开封、汉中等地传教和开办中学并任校长（任汉中明德中学校长到 1958 年）。1950 年李圣学主教为首发表了“三自爱国革新宣言”，奠定了汉中独立自主自办爱国教会的基础，1956 年，李圣学等 37 名天主教爱国人士在北京发起“中国天主教友爱国会”筹备活动，1957 年中国天主教爱国会成立，李圣学当选为常委。1962 年陕西省天主教爱国会成立，李圣学当选为副主席，后任代主席，也是省人大代表。“文化大革命”期间，李圣学受到严重冲击，被遣返到洋县原籍劳动改造。十一届三中全会以后，统战部许部长亲自给李圣学道歉平反，开车将其接回教堂落实退还教产，为他们解决了活动场所，使他们的活动能够正常开展。民族宗教工作关系着民族的团结、社会的稳定和政权的巩固，统战部发挥工作优势落实政策，解决了民族宗教界爱国人士的实际问题，对社会安定团结的政治局面作了很大的贡献。

给爱国重点对象解决问题、落实政策是统战工作的重要组成部分。王范堂是台儿庄战役敢死队队长（时任连长），与日军浴血奋战，为战役的胜利作出了重要贡献。王老是黄埔军人，参加过淞沪会战、长沙会战、武汉会战、宜昌保卫战，战功显赫。1949 年他率 7000 人在四川起义（时任国民党少将副师长），解放后转业安排到褒城县文化馆任馆长，长期受到不公正待遇，“文化大革命”中受迫害。我们积极为其平反及时落实应有的待遇，安排其子女就业工作，收到了良好的社会反响。

原抗日作战有功的黄埔军人张文德，当年正上大学时投笔从戎，黄埔第九期毕业生，参加过淞沪抗战、河南抗战等多次受伤，一只眼睛受伤致残。1949 年在四川起义参加解放军，因觉悟高、表现好，曾在会议上受到贺龙同志当面点名表扬。“文化大革命”时期备受批斗，身心受到很大的摧残。部领导亲自登门道歉，交心安慰，协调有关方面落实政策，本人被安排为汉中黄埔同学会的首任会长，为其子女解决工作。张文德同志忠心拥戴党和国家工作，多次和蒋卫国先生互通信件，表达爱国促统、反对台独的心愿，积极推动爱国促进统一工作（张老原任青年军 2064616 团副团长，蒋卫国任该团的二营营长，两人感情较深）。

地委统战部恢复成立几年来，在落实统战政策方面做了大量的工作。为统战对象中 2237 人作了平反，13119 人落实了政策，给 683 人摘掉了“右派”帽子，对“中右”、“右言”、“反社会主义分子”169 人和未定分子因“右言”而受到各种处分的 52 人全部给予了纠正，退返了材料。给原定工商业者 2005 人按政策区分成劳动者 1852 人给予平反，为 218 名工商业者给予平反，对“文化大革命”中错划的 71 人全部给予撤划。为 2 户台胞落实政策安排就业、住房，解决子女上学等问题，给去台人员家属因海外关系错处的 178 人全部平反，为 299 名归侨侨眷落实有关政策。给国民党中起义投诚人员 5876 人颁发了起义投诚证，其中因有历史问题被错处错判的 360 人都给了平反纠正，全区原国民党地方武装组织 8 股认定为起义投诚队伍。少数民族代表人士中的 28 人和宗教神职人员中的 99 人冤假错案全部复查纠正，政协和民主党派中的 124 人全部平反。对株连下放农村家庭的家属子女 179 人恢复了城市户口、安排就业。“文化大革命”中扣减 371 人的工资 80 多万元如数给予补发，对 153 人查抄的财物 4803 件、字画 2713 件、现金 1046 元全部退还或折价补偿，对宗教和民主党派工商联的私房财产 2394 件，退还了 2242 件。由于统战工作政策落实的彻底，大大地激发了宗教、民主党派、工商联人士的爱国热心和统战工作的积极性，各自带领各自的阶层为社会主义经济建设服务。

四、对台方面工作

1988 年 8 月，根据上级文件精神，中共汉中地委台湾工作办公室成立，汉中地区行政公署台湾事务办公室成立，一个机构两块牌子在地委序列，我被任命为台办主任，11 年的对台涉台工作，这感到欣慰的人生经历使我难以忘怀。解放前，汉中国民党部队很多，如黄埔军校第一分校、西北军三十八军、青年军二〇六师、陈纳德飞虎队、军统汉中特训班、胡宗南军队等，因此随国民党败退去台人员较多。据 1998 年统计，与汉中有关的在台人员有 11260 多人，由台湾移居到港澳、美、日、德、意、巴西、加拿大等 20 多个国家和地区的有 368 人，汉中市内台属有 15327 户、41681 人，人数之多在全省名列前茅。随着党和国家改革开放，和平统一、“一国两制”政策的实施，对台工作量大面广。我在台办的十来年中，接待从台湾返乡探亲共 6000 多人次，安置回乡定居的 12 户。1993 年去台人员郑贵林先生回汉到台办表达要回乡定居的心愿，他在汉中市椰岛广场小区购买了两套住房，因为他本人在台湾工作，按他的情况是不具备定居条件的，但是他近百岁的母亲有落叶归根的夙愿，为了满足他母亲的心愿，我们台办灵活掌握政策，特殊上报了他的回乡定居报告，省上也同意了他及母亲回汉定居的要求。宁强的去台人员陶礼春携带全家5口人回乡定居，我们多次找领导汇报协调相关部门，使陶先生一家顺利落户修建了房屋。台办做工作还推荐了他的妻子石锦妮（台湾台南县人）为省政协委员，落实了两个孩子上学问题并协助安排他的女儿陶怡秀到中心医院工作。我们在做接待去台人员回乡探亲的同时，还认真贯彻党中央以经济促政治的对台工作指示，努力做好台资台属企业的创办和发展。1998年底汉中全市兴办台资、台属企业和经济实体646个，其中台资企业26个，引用台资3000多万美元，涉台企业的数量、规模、行业多样性、技术先进性、社会经济效益等在全省排在前列。1993年，省台办在汉中召开了“台属兴办企业现场会”推广了汉中经验，同年5月，中央二台经济频道做了专题报道，随后全国有18个省市区统战部和台办前来汉中参观学习，汉中地区的几位领导同志分别在1994年全省经贸工作会议、1995年全省统战工作会议、1996年全省政协祖国统一和侨务工作会议上做了重点发言介绍。我们引进台资，兴办台属企业，有利于台属脱贫致富，有利于地方经济发展、有利于两岸交往交流、有利于和平统一大业。广大台胞积极为家乡经济建设和社会公益事业作贡献，汉台区30个台资台属企业，年上缴利税百万元以上。宁强台胞周兢先生两次返乡给二郎水利工程引资700万元人民币，其中200万元人民币是无偿投入资助。全市41位台胞为家乡捐资176万元人民币，用于社会公益事业，援建学校和图书楼。

我所经历的乡镇机构改革

陈英文

1984 年我正式参加工作后，在基层工作 30 多年，见证了乡镇机构改革和治理体制机制演进的过程。

社改乡及“乡政村治”体制的建立

1978 年 12 月，党的十一届三中全会召开，中国开始实行对内改革、对外开放的政策，桎梏农村发展的旧体制开始出现重大变革。1979 年，宁强农村开始实行分组作业，个别生产队尝试包产到户。1981 年，全县 80% 以上的生产队实行粮油生产大包干。至 1982 年，宁强县全面实行以家庭经营为主要形式的家庭联产承包制，土地联产承包到户，耕畜、农具处理到户。为了改革生产关系同生产力、上层建筑同经济基础之间不相适应的问题，促进生产力的发展和各项事业的全面进步，更好地实现最广大人民群众的根本利益，乡镇机构改革势在必行。

1979 年 7 月 1 日，五届全国人大二次会议通过的《关于修正〈中华人民共和国宪法〉若干规定的决议》，决定“将地方各级革命委员会改为地方各级人民政府”。1981 年，《中共中央关于建国以来党的若干历史问题的决议》中首次提出“在基层政权和基层社会生活中逐步实现人民的直接民主”的方针。在总结部分地区村民自治实践的基础上，1982 年村民委员会这一群众自治性组织被正式写入宪法，1982 年 12 月，五届人大五次会议通过的新宪法明确规定，把改变政社合一体制、建立乡人民政权写进宪法，要求农村人民公社实行政社分开，建立乡政府。1983 年 10 月，中共中央、国务院正式发布《关于实行政社分开建立乡政府的通知》，指出：“随着农村经济体制的改革，现行农村政社合一的体制显得很不适应。宪法已明确规定，在农村建立乡政府，政社必须相应分开。”由此，公社党委改为乡党委，一般设正副书记一人；建立乡人民政府，一般设正副乡长、正副镇长各一人，较大的乡、镇增加副职一人，做好公安、民政、司法、文教卫生、计划生育等工作。

1979 年 1 月，宁强将 7 个区革命委员会改为区公所，1981 年 3 月，将 54 个人民公社（镇）革命委员会改为 52 个公社管理委员会和 2 个镇人民政府。1984 年 3 月，宁强实行政社分设，废除人民公社体制，设立乡人民政府。5 月，将 52 个公社管理委员会改为乡政府。改生产大队为村民委员会，生产队为村民小组。全县设城关、大安、代家坝、阳平关、广坪、巴山、铁锁关 7 区 2 镇 52 乡，367 个村 8 个居委会 2460 个组。1986 年城关镇归县人民政府直辖。至此，宁强县辖 7 个区公所，1 个县辖镇，53 个乡（镇）人民政府。

1984 年 2 月，宁强县委颁布《关于继续放宽农村经济政策，放手发展农村商品生产的十条规定》，8 月，县委、县政府作出《关于加快发展乡镇企业若干政策和措施的规定》，区、乡镇先后成立了企业办公室，主管乡镇企业，扩大乡镇企业经营管理的权力，兴办乡镇贸易站等，使乡镇企业如雨后春笋般地发展壮大起来。

通过改革，“乡政村治”的政治模式代替了人民公社模式。即：由乡（镇）机构代表国家行使政治、行政、经济等管理权力，突出政权建设，村内事务由广大群众通过自治组织依法实行自治。逐步实现“自我教育、自我服务、自我管理”和“民主选举、民主管理、民主决策、民主监督”。三级所有、队为基础，党政不分、政社合一的模式寿终正寝。

在这次改革中，村委会成为农村自治组织，由村民选举产生，代表村民行使对村里事务的管理。1984 年换届选举，我当选为苍社乡人大代表、宁强县九届人民代表大会代表和苍社乡人民政府副乡长。社改乡后，虽然建立了村民委员会，但村民自治的作用没有得到很好发挥。由于受财力、物力和人力的限制，部分村委会、村民小组社会公共管理差，有些村级组织依然处于瘫痪和半瘫痪状态，村民意见较大。

撤乡并镇与推行“村民自治”

社改乡后，乡镇作为最基层政府，成为国家基层政治权力、各类公共活动和满足一般需求的交易中心，也是农村经济建设和社会发展的组织者，发挥社会的基础作用。转变政府职能，减轻农民负担，构建和谐社会、破除城乡二元结构，使生产关系和上层建筑适应农村生产力，经济不断发展，降低管理费用减轻国家财政和农民负担，改变机关作风提高办事效率、整合资源，成为首要课题。撤乡并镇、推行“村民自治”就成为解决这些问题的必由之路。

1994 年，我被调任新场乡党委书记，1996 年机构改革，撤销新场乡并入燕子砭镇，我被任命为镇党委委员、人大副主席，1997 年我又被调任巨亭乡党委书记，在我的基层工作生涯中经历了四次乡镇机构（区划调整）改革。

1996 年 4 月 25 日，县委、县政府发出《关于在区乡（镇）机构改革中严肃有关纪律的紧急通知》，5 月，经汉中地区民政局批准，宁强撤销城关、大安、代家坝、阳平关、广坪、巴山、铁锁关七个区公所建制。撤销代家坝、南沙河、徐家坝乡，设立代家坝镇（除徐家坝乡的流溪沟村）；撤销罗村坝、高寨子乡，设立高寨子镇；撤销广坪、金山寺乡，设立广坪镇；撤销青木川、玉泉坝乡，设立青木川镇；撤销铁锁关、周家坝、坪溪河乡，设立铁锁关镇；撤销胡家坝、龙王、老代坝乡，设立胡家坝镇；撤销毛坝河、三道河、大竹坝乡，设立毛坝河镇。同时撤销王家坪乡、金家坪乡并入城关镇；撤销大长沟乡、唐渡乡并入阳平关镇；撤销桑树湾乡、烈金坝乡、白杨林乡并入大安镇；撤销燕子砭乡、新场乡、中坝乡并入千丘镇管辖，同时将千丘镇更名为燕子砭镇；撤销沙河子乡并入舒家坝乡；将原徐家坝乡的流溪沟村划归曾家河乡。宽川、南屏、庙坝、东皇沟、巩家河、巨亭、苍社、太阳岭、双河、竹坝河、禅家岩、关口坝、二郎坝、水田坪、八海、安乐河、滴水铺、黄坝绎、茅坪沟等19乡的政府名称、行政区域、政府驻地不变。撤区并乡建镇后，宁强辖11镇21乡，367个村，8个居委会，2460个组。

2000年，撤销滴水铺乡并入城关镇，设立汉源镇；撤销关口坝乡并入茅坪沟乡，设立巴山镇；撤销双河、竹坝河乡，原双河乡及竹坝河乡的3个村并入阳平关镇；原竹坝河乡梨树坪村并入燕子砭镇；撤销二郎坝乡并入水田坪乡，设立二郎坝乡（政府驻地原水田坪乡政府）；撤销八海乡并入安乐河乡，设立安乐河乡。此次乡镇机构改革后，宁强辖12镇14乡。2001年，在全县范围内对26个乡镇、366个行政村、2459个村民小组进行了村级规模调整工作，调整撤并后全县辖26个乡镇、305个行政村、2229个村民小组，行政村减少61个，村民小组减少230个。2003年，对汉源镇、阳平关镇社区居委会进行整合，将汉源镇的羌南路社区居委会和羌北路社区居委会合并为“羌州路社区居委会”，整合后汉源镇设钟鼓楼和羌州路两个社区居委会。将阳平关镇的2个居委会整合为1个社区居委会，同年新增了铁锁关社区和广坪社区2个居委会。至此，全县城市社区居委会8个。2005年，全县行政村整合为269个，村民小组整合为1718个（含移民小组3个）。

2011年6月，撤销黄坝驿乡并入汉源镇；撤销宽川、南屏乡建制并入大安镇；东皇沟乡并入代家坝镇；巨亭乡和曾家河乡合并设立巨亭镇；同时撤销舒家坝、二郎坝、巩家河、庙坝、苍社、太阳岭、安乐河、禅家岩乡的建制，设立镇的建制，其他9个镇不变。全县辖21个镇，269个村，1718个（移民）小组。

2015年1月，撤销庙坝镇并入大安镇；撤销巩家河镇并入代家坝镇；撤销苍社镇并入太阳岭镇（政府驻地原苍社镇政府），将太阳岭镇伍家坝、天星、石磙场 3 个村划归阳平关镇；撤销汉源镇设立汉源街道办事处；撤销高寨子镇设立高寨子街道办事处。在这次乡镇机构改革中，先后进行了 2 次村级规模调整，自此，宁强县辖 16 个镇、2 个街道办事处；200 个行政村、10 个社区居委会。

通过四次乡镇撤并，乡镇权责不分、机构膨胀、国家社会关系危机、农民负担沉重的问题得到根本解决，政府添了活力，百姓得了实惠。通过简政放权，乡镇政府内部关系理顺了，乡镇干部观念和作风从经验型转变为学习型、权力型转变为能力型、指挥型转变为参与型、随意型转变为规范型、管制型转变为服务型。村民委员会真正成为群众的自治组织，实行“自我管理、自我教育、自我服务”和“民主选举、民主决策、民主管理、民主监督”制度。村委会通过群众直接选举产生，村干部工作能力强，在群众中威信高，能带领群众共同致富，群众拥护。原巨亭乡 5 个村，至 2015 年，有 4 个村 5 名村支书（村主任）先后招考为公办教师或国家公务员。

农村税费改革与乡镇体制创新

实行家庭联产承包责任制后，出现了对农民征收税费的主体乱、项目乱、标准乱、程序乱、监督乱的问题，乱收费、乱集资、乱罚款和各种摊派日渐突出，农民负担过重，影响农村稳定。针对农村不同时期搞改革遇到的困难和问题，从 1982 年至 2008 年，中央先后制定出台了 10 个“一号文件”，顺应农村农业发展形势，有效指导农村改革，化解了改革的阻力。为进一步减轻农民负担，规范农村收费行为，规范国家、集体与农民之间的分配关系，中央明确提出了对现行农村税费制度进行改革，并从 2001 年开始，逐步在部分省市进行试点、推广。农村税费改革与乡镇体制创新，就成为乡镇机构改革的重要组成部分。

2002年4月，宁强县根据陕西省人民政府办公厅《关于重新印发陕西省农村税费改革试点工作方案的通知》精神，在全县范围内进行农村税费改革工作。5月，召开全县税费改革工作会议，进行全面部署。在实施过程中，把握“减轻、规范、稳定”的方针，落实“三个取消（乡统筹、农村教育等项集资、屠宰税）、一个逐步取消（劳动积累工和义务工）、两个调整（农业税、农业特产税政策）、一项改革（村提留征用办法）”。我们在巨亭乡很快召开乡、村、组全体干部大会，传达、贯彻落实县农村税费改革会议精神，抓住宣传动员、方案测算、组织实施。成立由乡长担任组长的税费改革领导小组，把村主任和村文书集中在乡上，由财政所负责业务指导，计算填表到户并在村组群众会上公布、公示。全县于6月13日三榜定案后，将农业税、农业特产税任务全部落实到纳税农户，发放纳税通知书。县乡财政减少的收入由国家财政通过增加地方转移支付补助给予弥补，把农民负担的村组干部工资、乡村办学、计划生育、乡村道路修建、农村义务兵家属有付费等改由财政负担。是年，宁强县农民负担总额比上年下降812万元，减负37%。同时本县积极争取到省财政转移支付补助1291万元，其中，1031万元安排到乡镇、村部门，加上留给乡镇的农业二税附加和净增收额，使乡镇财力比税改前的2001年增加414万元，增长49.9%，实现农民负担明显减轻、乡村基层政权机构正常运转、农村中小学义务教育经费正常支出需要的“三个确保”目标。

2003年，全县取消了食用菌农业特产税117.8万元，附加23.5万元，减轻农民负担141.3万元。

2004年，按照中央一号文件“多予、少取、放活”的原则，为了进一步减轻农民负担，宁强取消了除烟叶税以外的农业特产税，在2002年税改核定的基础上，农业税征收税率下调1个百分点，即由7%下调至6%，当年全县农业税由原来的790.7万元减少至677.7万元，减少113万元。农民实际负担减少了285.3万元，人均负担也由2002年的33.2元降为23.4元，人均减负9.8元。

2005年，全面取消了农业税的征收，结束了农业税在我国存在整整2600年的历史。全县农民减负额1880万元，人均65元。

在税费改革之前，在乡镇工作的干部非常辛苦，工作环境很差，乡财政运转十分困难。“上面千条线，下面一根针”，乡镇工作是一把抓。我在新场、燕子砭、巨亭工作期间，几乎把所有精力都放在了催粮、收税费（集资款）、计划生育和维护稳定上，村组干部工作热情不高涨，干群关系比较紧张。通过农村税费改革，依法调整和规范国家、集体与农民的利益关系，充分保障农民的经营自主权和财产所有权，进一步巩固家庭联产承包责任制。减轻了农民负担，凝聚了民心、改善了干群关系，确保了社会稳定，巩固乡镇政权基础，农村税费改革使乡镇的职能也发生了根本性的变化。

税费改革，使乡镇财力逐步增强，按照首先保证机关事业单位人员工资发放、机构正常运转和社会保障对象补助支出，最后专项支出的顺序安排，各类专款按照专款专用的原则安排使用，其他资金按照“收支平衡，综合预算”的要求进行安排。乡镇及所属单位（行政村）的各项收入、支出由财政所统一管理，实行分账核算、报账制管理，乡镇长“一枝笔”审批制，确保财政资金规范、安全、有效运行。

农村税费改革推进了乡镇体制创新。通过农村税费改革，调整乡村之间的权力结构，处理好领导与指导、示范与引导、管理与监督的关系，把生产经营自主权、村民自治权等权力真正还给农民。把乡镇从繁重的催收税费中解脱出来，去指导帮助农民提高组织化程度，科学示范引导，降低市场风险；在生产资料、资金、技术、信息方面为农民提供优质服务，为民、便民、利民；帮助农民拓宽致富门路，确保农民增产增收；加强农业公共基础设施建设，增强抵御自然灾害的能力，提高经济效益；加强市场监管，严禁乱收费乱罚款，优化农业改革发展环境，杜绝各种坑农、害农事件的发生，保护农民的利益。推进了乡镇政府的职能转变，建设服务型乡镇政府。强化“依法行政，强化服务，组织协调”职责，调整乡镇人员管理政策，完善乡镇人事管理机制，不断完善人员编制、干部交流、考评体系、管理体制和乡镇事业单位服务体制，改革向纵深推进，逐步形成企业、中介、政府多元化的乡镇服务体系。

县乡综合改革与建立健全农业社会化服务体系

2006年10月，国务院下发《关于做好农村综合改革工作有关问题的通知》，明确要求：全面推行乡镇人员编制实名制管理，确保五年内乡镇机构编制和财政供养人数只减不增；财政管理上实行乡财县管；机构设置上不搞上下对口。2007年中央一号文件提出“深化农村综合改革创新推动现代农业发展的体制机制”。深化农村综合改革，统筹推进农村其他改革，清理化解乡村财务，大力发展农民专业合作组织。2009年3月，中共中央办公厅、国务院办公厅印发了《中央机构编制委员会办公室关于深化乡镇机构改革的指导意见》。宁强县根据中央要求，结合本县实际，进行了县乡（镇）综合改革，农业社会化服务体系日益健全。

以转变政府职能为重点实施县镇级机构改革

1994年，宁强县县委、政府共设立工作部门34个。1996年4月，县委、县政府根据中、省、地文件精神，本县进行了撤区并乡建镇工作，撤销7个区建制，将原54个乡镇经过撤销合并，新建11个镇，21个乡。此次机构改革后，全县行政编制1556名，其中县委104名、人大17名、政府303名、政协11名、群团13名、地方3所8名、政法系统378名、乡镇711名。机构改革后实有行政人员1538人。2015年4月县级机构改革结束。

2002年4月，再次进行县级改革，县委、政府设置33个工作机构，直属事业机构8个，人大、政协机关各设3个工作部门，使用行政编制的群团机构3个，撤并后建乡镇党政机关26个。全县核定行政编制 1357 名，比上轮机改减少 199 名，平均精减 12.8%。其中县级党、政、群行政编制 369 名，减少 90 名，平均精简 19.6%，政法专项行政编制 367 名，减少 11 名，精简 10%，乡镇行政编制 621 名，减少 90 名，平均精简 12.7%。县乡实有在岗 1586 人，超编 229 人，其中县级党政机关超编 84 人，乡镇超编 174 人，政法系统空缺 29 名。

2010 年，宁强县进行县级政府机构改革。改革后县政府工作机构由 29 个减少到 26 个，划入、新增职责 50 余项，划出、下放、取消职责 13 项，取消行政许可和行政审批事项 127 项。将 26 个乡镇撤并为 21 个镇，撤并率 20%。

2015 年 1 月，宁强县召开全县机构改革大会，安排部署政府职能转变和机构改革工作及镇村综合改革工作，下发了《关于严明纪律确保县镇机构改革工作顺利进行的通知》。本次改革，整合工商、质监、食品药品监管、盐务部门的职能，组建市场监督管理局，构建统一完善的市场监管体系。按机构整合，迈向服务型政府的“大部门制”构想，整合卫生局、人口和计划生育局，组建卫生和计划生育局，统筹推动卫生、计生事业更好更快发展；将县经合局职责整合划入经济贸易局，不再保留县经合局。同时做到议事协调机构不单设办事机构、挂牌机构不设实体机构、县政府不设部门管理机构。撤销现有重叠机构，合并交叉相近职能，使政府机构设置更加简捷，职能分工更加明确，人员组成更加精简，最大限度地避免政出多门的问题。县政府工作部门及直属事业机构由原来的 31 个减少到 27 个。

依据《宁强县综合改革实施方案》（宁办发〔2015〕2 号），调整镇级行政区划，明确镇级机构设置，进行村级规模调整，深化改革转变职能。将 21 个镇撤并为 16 个镇、2 个街道办事处。269 个村调整至 200 个，社区居委会由 8 个调整至 10 个。

改革后，按照编制精简，迈向节约型政府的“控编减编”设想，通过重新“定职能、定机构、定人员编制”，宁强县委机关、群团、人大政协等机构行政编制控制在 265 人，事业编制控制在 47 人；政府机构行政编制控制在 60 人，事业编制控制在 85 人。县级党政群机关人员在现有编制数基础上精简 10%。在职能转变上，一是完善镇级管里体制；二是建立健全镇级财政体制；三是推进城镇化建设；四是建立新型社区。

以保镇村工作运转为重点试试乡镇财政改革

2003年，宁强县政府印发《关于完善乡镇财政管理体制的通知》，对2000年的财政管理体制进行完善，重新划定县乡收支范围，核定收支基数，一次核定基数后，3年内乡镇增加的财力归乡镇，减少的财力乡镇自行解决，自求平衡。

说实话，起初，对于像巨亭这样的边远小乡，哪有什么企业，除了在铁路上收点工商税，全靠到外地组织税收（卖税），虽然勉强能完成任务，但也要产生大量费用，虽然完成了责任书指标，但乡财政实力并未增强。不仅干部的差旅费、医药费和下乡补贴无钱报，就连干部工资都不能按时发放。

2005年，宁强县再次调整和完善乡财政管理体制，在按照省市体制分享比例划分收入范围的基础上，实行超收分成，即：超任务部分实行3∶7分成，短收部分实行短一扣一。为适应财政改革需要，财政体制不再实行一定三年的办法，改为一年一定。

2006年1月起，全县26个乡镇全面实行“乡财乡用县监管”管理办法，撤销了26个乡镇金库。取消乡镇财政所总预算会计，实行“预算共编、账户统设、资金统调、集中收付”，由县财政局直接管理并监督乡镇财政收支。调整了预算收入管理级次，将乡镇工商税收、农业税收以及罚没收入全部作为县级收入，由县财政集中管理，县上不再给乡镇下达指令性收入任务。

2008年，宁强县制定下发《宁强县乡镇超收分成考核激励办法》，对原体制中乡镇超收分成部分的分成比例由县乡3∶7提高到5∶5。作为配套措施，县政府制定下发《宁强县地方政府债务化解考核激励办法》，考核实行“一奖、一补、一罚”，并采取当年化解一笔，县财政奖励一笔，原有债务销号一笔。至 2009 年，全县共化解各类政府债务 6700 万元。

2011 年，取消各镇指导性收入计划，实行协税任务考核分成办法，协税收入按照县镇 5∶5 分成。

2012 年后，宁强将教育收费、代收费、临时性收费以外的各项非税收入全部纳入财政预算管理，对部门单位取得的非税收入的 50% 作为非税征收成本返还给单位，用于弥补经费不足。同年，开始试行国库集中支付和公务卡制度，将财政资金通过支付系统直接拨付到用款单位和供应商。

2015 年，按照一级政府一级财政、分类指导、稳步推进的原则，由现在全省文化名镇、市级重点镇、县级重点镇和经济强镇建立与城镇化进程相适应的镇一级分税制财政体制。完善镇级财政预算和决算制度，健全政府管理和风险防控机制。

综合改革使农业社会化服务体系建设增活力

通过县、镇村综合改革，全县 18 个镇（街道办事处）设有党政办公室（财政所）、经济发展办公室、社会事务管理办公室、维护稳定办公室（司法所）、宣传科教文卫办公室和农业（经济）综合服务站、公用事业服务站及市场监管所。按照有关法律法规设置镇人大、纪检和人武部、共青团、妇联、工会组织。在管理体制上，除法庭、公安（林业）派出所外，具有管理职能的住镇单位交镇政府管理，县级归口部门负责业务指导和监管。将经济自主发展、建设规划、收益分配、社会管理、干部考核权限下放到镇政府，授权镇级政府管理所属资产。鼓励通过土地复垦移民搬迁等方式新增用地指标，优先用于公益事业，新增土地指标由县统筹使用。合并后的镇设立办事大厅，将社保、就业、民政、文体、卫生等社会管理职能全部纳入，实行“一厅式办公”。构建了以农户家庭经营为基础、合作与联合为纽带、社会化服务为支撑的立体式复合型现代农业经营体系。实现公共服务一体化，中介服务多元化，服务组织市场化。

宁强县农村综合改革，建立和完善了解决民生问题的长效机制，构建了覆盖全县的义务教育、新型农村合作医疗等保障制度，大大促进了农村公益事业发展。采取科技下乡、扶贫和农村远程教育等形式，开展日常化、多层次培训，使每位农民至少掌握两门以上实用技术。“三农”的中介组织迅猛发展，社会化服务正逐渐由单纯的生产环节的服务迅速向资金、物资、技术、信息、加工、销售、管理等综合性服务扩展。农村土地流转加速推进，农业的组织化、集约化和产业化程度也在不断提升，农民专业合作组织快速发展。建立茶叶、食用菌、天麻、扶贫互助资金等协会，推行“公司+基地+农户”、“市场+农户”、“专业合作社+农户”等产业化经营模式，培育出一批带动力强、辐射面广、示范效应好的农业龙头企业和农民专业合作社。至2015年，全县培育发展省级农业产业化重点龙头企业4个、市级18个、专业合作社246个（其中国家级示范社3个），培训认定职业农民423名，培育家庭农场50个，省级示范家庭农场10家，走出一条“县抓园区、镇抓示范园、村抓示范户、逐步升级”的现代农业发展新路子。已建成省级现代农业园区3个、市级11个、县级25个。建成农产品“三品一标”认证34个，“青木川 QINGMUCHUAN 及图”被认定为中国驰名商标。千山茶出口沙特等伊斯兰国家，“巧姑妈”香菇酱出口日、韩等国，青木食品山野菜出口欧盟。

2015年，我从宁强县委党史研究室（县志办）领导岗位光荣地退了下来。这些年目睹乡镇机构改革，农村基层政权权力机构、组织结构、运行机制、行政制度发生了深刻变化，也使基层政府管理、治理和服务能力显著增强，农业社会化服务体系的建立使农村发展日新月异，农民分享着改革的红利，我们畅享着幸福的生活，我们应该珍惜这样一个伟大的变革时代！

一场“变废为宝”的革命

王　旭

提起焚烧秸秆这件事，我想大部分人都不会陌生。民间还形象地把开展农作物秸秆综合利用，制止焚烧这项工作，称作一场“变废为宝”的革命。作为农机战线上退休的一位老兵，至今对这场革命的过程还是记忆犹新。

陕西省有着悠久的农耕历史，许多农作物品种的推广，大都“植入秦中，渐及东土”。据2016年调查，我省常年种植秸秆作物面积约4000万亩，年产农作物秸秆2860多万吨（折干），其中，小麦种植1600余万亩，年产秸秆640多万吨；玉米种植1700余万亩，年产秸秆1800多万吨；水稻种植200余万亩，年产秸秆200多万吨；薯类、小杂粮等其他各类作物种植面积近500万亩，年产秸秆约220万吨。

20世纪90年代，随着农村经济的发展，农民生活的改善，很少再用秸秆做饭、取暖，加之农业机械化水平的提高，农村草食动物的减少，伴随而来的就是农民将大量的农作物秸秆当作废物焚烧，或将秸秆堆放在地头、渠边、路旁，严重污染了环境，直接威胁到了陆空交通和人民的生命、财产安全，夏收时烧掉大片麦田和烧死农忙人员的现象时有发生。尤其是1998年就有约四分之一，有些地区甚至超过一半的农作物秸秆，被这样白白地废弃或烧掉。夏收、秋收时节，行走在西安市中心都可以闻到一股刺鼻的味道，群众怨声载道。

此事引起了中央和省上领导的高度重视。起初省委省政府把解决秸秆利用问题的主要任务交给农业、农机部门来解决。当时，我正在省农机局任局长，解决这一问题的路径窄，机械少，有些技术又不太成熟，只能是动员全系统职工亲临第一线去宣传，去灭火……第二年，也就是1999年3月20日，农业部和省政府签订了《农作物秸秆综合利用和禁烧协议书》，农业部有关业务部门和我省农业、农机部门也分别签订了重点地区农作物秸秆利用工程项目合同，确定我省10个大城市郊区和4条高速公路沿线为重点地区，主推秸秆机械化还田等综合利用技术。确定咸阳国际机场周围、西安市郊区13个县（区）的78个乡（镇）为重点实施区域。紧接着，省政府就召开了全省农作物秸秆综合利用和禁烧工作会议。会后，省政府办公厅又批转了省农业厅《关于加强农作物秸秆综合利用和禁烧的实施意见》，提出：“经过三年努力，使秸秆的利用率、增值率和增收率达到一个新的水平，全省基本实现禁烧目标。”5月27日，时任省长程安东和副省长王寿森再次召集省农业厅、省农机局以及咸阳市、泾阳县政府和有关部门的负责同志，在泾阳县永乐镇“省长试验田”开现场办公会。提出：“要在省长试验田试验推广秸秆机械化粉碎还田、玉米硬茬机械化播种技术，把试验田办成秸秆机械化还田的样板田，实现‘零焚烧’，以带动全省的秸秆机械化还田和禁烧工作。”秋季，他们又到田间地头检查指导玉米机收和秸秆粉碎还田工作。

起初资金不足，省委原主管农村工作的副书记袁纯清，就亲自给财政部打电话申请秸秆利用资金，并与时任副省长王寿森共同协调环保、计划、财政等部门组织1500万元专项资金支持秸秆机械化利用工作。此后，省财政每年都拿出2000万元作为秸秆综合利用专项资金，主要用于秸秆机械化综合利用示范田建设、合作社扶持、新技术新机具的引进以及演示宣传培训等。各地市均成立了以市长为组长的秸秆综合利用工作领导小组，把秸秆利用与禁烧工作纳入政府工作目标责任考核体系，将任务和责任落实到县、乡、村、组，教育引导广大干部群众自觉树立“不敢烧”、“不愿烧”和“舍不得烧”的意识。

2003年，原国务院总理温家宝在《互联网信息摘要》特刊第378期报道的《西安周边大量焚烧玉米秸秆漫天浓烟威胁飞机安全》一文上批示："此事强调多年，仍未得到解决。看来，关键要给秸秆找个出路。农业部要予以重视，在总结经验的基础上继续研究治本的措施。"遵照总理的指示，我省农机部门与农业、环保等部门密切配合，大力实施科技创新，开发研制秸秆综合利用的新机械、新技术。主推小麦宽幅带状旋耕播种、玉米免耕精量播种、小麦秸秆捡拾打捆收贮、秸秆还田、饲草加工、玉米机收、稻草编织等为主要内容的七项秸秆机械化综合利用技术，通过秸秆直接还田、秸秆饲草加工、板材造纸等工业原料、颗粒饲料及食用菌基料等途径来处理农作物秸秆。夏季，重点推广小麦联合收获—秸秆粉碎还田—玉米免耕播种技术，通过给小麦联合收割机加装秸秆粉碎装置，将粉碎后的秸秆均匀地抛撒到地表，然后利用玉米免耕播种机进行免耕播种作业。要求机手按照《陕西省秸秆机械化综合利用技术规范》进行田间作业，控制秸秆留茬高度及切碎长度，避免因秸秆过长、留茬过高而影响播种，或出现秸秆焚烧现象。秋季，重点推广玉米联合（或人工）收获—秸秆粉碎还田—小麦免耕播种、玉米联合（人工）收获—秸秆粉碎还田—机械深松（耕）或旋耕整地—小麦精量播种技术。通过玉米联合收割机或秸秆粉碎还田机将玉米秸秆粉碎还田、覆盖地表，然后进行免耕播种；或者将粉碎后的秸秆深翻掩埋、旋耕，再用精少量（精量）播种机进行施肥播种。经过处理后的秸秆，既能培肥地力，又能满足下茬作物种植的农艺要求。实践表明，连续两年以上实施秸秆还田的农田，土壤团粒结构明显改善，有机质大大增加，土壤肥力和蓄水保墒能力显著提高，节本增效作用十分明显。

我省在利用被遗忘和废弃的秸秆，实现"变废为宝"的过程中，针对关中、陕南、陕北的特点，因地制宜，开发了相应的利用模式。在关中，以建立示范田、扶持专业合作社为抓手，主推小麦秸秆捡拾打捆、玉米硬茬播种、带状旋耕施肥播种、秸秆还田和饲草加工等机械化技术，推广小麦机收 + 麦秆捡拾或还田 + 玉米免耕播种技术模式；在陕南，主推小麦秸秆还田、旋耕整地、油菜秸秆机械化还田和油菜秸秆还田后水稻机插秧等机械化技术，推广油菜、小麦机收 + 秸秆还田 + 整

地 + 机插秧技术模式，开展稻草编织等初加工利用；在陕北，主推秸秆收贮 + 机械揉搓加工的饲草化黄贮、干贮利用模式。均收到了良好的效果。

在开发利用模式的同时，我省积极推进“企社联盟”，使一二三产业融合发展，大大加快了秸秆综合利用的步伐，也逐步壮大了企业的自身实力。如，西安新天地草业有限公司，就是一个典型的例证。这个公司成立之前，仅仅只是和其他企业合资加工秸秆揉搓机的一个支公司。起初农民还没有认识到废弃玉米秸秆能加工饲草卖钱的时候，怕生产的饲草卖不出去，不愿意投资买这种机械，公司就将机械赊给农民，让农民给公司上交饲草来偿还机械费用。时任省委书记李建国获知此消息后，还亲自派当时的省委副秘书长励小捷到公司去了解情况，鼓励他们一定要坚持下去。原陕西省委副书记袁纯清、副省长王寿森等省委省政府领导同志也曾分别观看和指导过他们的秸秆加工工作。在省上领导的鼓励下，他们不断坚持，继续创新，资产越滚越大，终于在 2003 年注册成立了一个具有独立法人资格的草业公司。当时，我还在省农机局工作，就研究将其定点为我省的农机秸秆综合利用示范基地。现在这个公司不仅从事秸秆机械加工设备的研发制造和推广、微生物制剂的研发和应用、秸秆饲草的加工和经营，而且还从事优质肉羊品种培育和经营，生物因子复合肥的研制和推广等。经过多年不懈地努力，公司一举攻克了玉米秸秆“加工难、贮存难、运输难”的三难问题。

公司通过运用“企社加盟”的模式，和当地 8 个专业合作社联盟成立了联合体，实现秸秆产供销一条龙，推动了规模化生产和经营。不仅带动了当地的秸秆利用工作，而且还在我省 30 个县（区）建立了饲草加工点，并把微贮饲草加工机械和生产技术推广到全国 23 个省（区），已在西北、华北、东北、华东、华南等地建立了 60 多个饲草加工和销售基地。玉米收获季节，年加工秸秆约 950 万吨，生产微贮饲草 860 万吨。

现在这个公司已是我省的农业产业化的重点龙头企业，国家高科技技术企业。加工的秸秆饲草已是中国秸秆饲草的第一品牌，陕西省首届十大创新自主品牌——绿色品牌。中央电视台、新华社、《农民日报》、

《陕西日报》等新闻媒体多次采访报道，也引起了联合国粮食与农业组织（FAO）的关注，曾于2015年6月28日组织16位专家到这个公司调研、考察，并将公司产品推广到英国、韩国、泰国、斐济等国家。

从2013年起，我省又对秸秆粉碎还田、饲草加工、捡拾打捆等秸秆综合利用机械实行敞开补贴，增加了秸秆综合利用机具的保有量，以机具保面积。西安、宝鸡、汉中等市还出台政策，对秸秆综合利用机械进行累加补贴，大大降低了农民购机的经济压力，进一步激活了群众购置秸秆综合利用机械的热情。到2016年，全省小麦机收和秸秆机械化根茬还田率均已达到90%以上；玉米秸秆有50%实现了机械化粉碎还田，另有25%通过青贮、黄贮加工用作饲料；水稻秸秆通过编织品转化利用量在45万吨以上约20%；薯类、小杂粮等作物秧秸基本上以粉碎还田、饲料、废弃这三种方式处理，各占1/3。全省小麦、玉米、水稻三大农作物秸秆机械化综合利用率达到80%以上。

秸秆利用，利国利民，已不是单一的技术性工作，而是一项综合性的社会工作，不仅要实现“零焚烧”，更要实现“零浪费”，只有各方配合，全民动手，继续奋战，才能早日夺取这场“变废为宝”革命的完全胜利！

（牛金鹏　整理）

陕西彩色显像管总厂建设记事

郑耀林

中国电子彩虹集团公司的前身——陕西彩色显像管总厂，于 1977 年经国务院批准正式立项，1979 年破土动工。我于 1980 年底调入本厂工作，直至退休。虽然 30 多年过去，但是回忆起工厂的建设及生产历程，仍然感慨万千，兴奋不已！

38 年前，大西北黄土地上的咸阳诗人杜甫《兵车行》中的辚辚车响，萧萧马鸣，征人的弓箭，爷娘的哭声虽然早已成为历史的沉梦；但是地处咸阳市西郊的战斗公社安村大队、西杨村大队北边，只不过是清一色的良田，房无一间楼无一幢，与“咸阳宫阙郁嵯峨，六国楼台艳绮罗”的壮观景色相比，不免有点荒凉之感！实际上这是一块在 400 万分之一的共和国地图上根本找不到的地方！

然而随着改革开放的春风，新建的陕西彩色显像管总厂于 1982 年 12 月就建成投产，并被列为国家第六个五年计划的重点工程和引进项目。不仅引来了世界上遐迩闻名的日本日立公司、旭硝子公司、涂料公司、网板公司、东芝公司，美国的康宁公司、RCA 公司、斯贝尔公司、OT 玻璃公司，荷兰的飞利浦公司和香港的康利公司等世界十多个知名公司的数十位总裁、董事长、总经理和一大批工程技术专家，而且使前苏联、罗马尼亚、保加利亚、匈牙利、联邦德国（前西德）、墨西哥、突尼斯、科威特、印度等数十个国家的党、政、工会、议会要员和工商、新闻、文化等代表团慕名前来参观访问；我国党和国家领导人江泽民、李鹏、李先念、姚依林、乔石、彭真、万里、王震、薄一波、宋仁穷、王任重、刘澜涛、李井泉、李铁映、李岚清、方毅、倪志福、田纪云、吴邦国、邹家华、胡乔木、温家宝、曾庆红、吴仪、张劲夫、宋健、王兆国、李贵鲜、王忠禹等前来视察和参观；陕西省原省委书记白纪年、张勃兴、李建国等领导同志多次莅临工厂视察并指导工作和参加工厂有关活动；各省、市、自治区的党政领导和我国驻外使节及有关国家驻华使领馆人员数百人先后前来参观访问。对企业的生产建设和发展给予高度的评价和热情洋溢的祝贺，建厂一周年之际，时任中共中央政治局委员的王震同志，在西安参加了杨虎城将军90周年诞辰之后，风尘仆仆地专程前来工厂视察，向全厂职工表示热烈的祝贺和亲切的慰问，并特别指出，“电视是一种先进的宣传工具，对加速发展我国的电视事业，推进社会主义物质文明和精神文明建设都是具有重要意义，希望你们要搞好职工的思想政治工作，加强团结，重视发挥专家和工程技术人员的作用，讲求经济效益，为我国的社会主义现代化建设事业贡献力量”。并亲笔题词，“发展电视事业，为中华人民共和国人民物质文明和精神文明做贡献”。更难能可贵的是，1984年元旦前夕，王震亲笔致函时任电子工业部部长的江泽民同志，以旨在“促年富力强有识之士，敢干利国利民的事，别无他求”的高尚情操写道：“彩虹党政技术专家的高效率的工作，和工人同志们的熟练操作，文明生产，尤令人感奋……看到我国电子工业这个现代化新科技的工业领域大发展，实在使往事都勾思起来，心情很不平静。”他还亲切的建议，“要听工程技术和科研人员以及该行业生产工人同志的意见，走群众路线，改进和提高现有企业生产力和经济效益”，给彩虹人以极大的鼓舞和鞭策！为此江泽民亲自签署嘉奖令，电子工业部于1984年1月13日通令嘉奖陕西彩虹总厂为我国电子工业的发展作出的贡献，并望为开创电子工业的新局面而努力奋斗！

当时工厂所生产的彩虹牌14寸和22寸的两种彩色显像管，也是我国生产的第一只彩色显像管，不仅畅销全国25个省、市、自治区的40

多个彩色电视机厂家和西欧、香港地区等国际市场，而且它所生产的“彩华牌”彩色电视机也行销全国19个省、市、自治区的28个地市，把数以万千的彩色绚丽的“荧花”撒向祖国的天涯海角，把各族人民的生活装点得多姿多彩，成为中华大地上蜚声中外的电子城，被人们誉为“彩虹城”，从此，被国人引以为荣的彩虹在古城咸阳冉冉升起！

“蜗牛事件”的困扰

陕西彩色显像管总厂的建设，由1979年4月29日破土动工到1982年12月正式投产仅仅用了三年多时间。人们不会忘记用彩虹牌彩色显像管装配的“金星牌”、“如意牌”、“黄河牌”、“海燕牌”、“北京牌”、“牡丹牌”、“长虹牌”和“彩华牌”等一大批彩色电视机。随着改革开放的春风，进入了千家万户，结束了我国不能生产彩色显像管和完全依靠进口彩色显像管装配彩色电视机的历史，这是人民的自豪和骄傲，也是共和国的自豪和骄傲，更是敬爱的周恩来总理的希望与期盼，然而“蜗牛事件”的困扰，我们至今还记忆犹新，历历在目！

早在1973年，为了改变我国不能生产彩色显像管的现状，周恩来、李先念、叶剑英等党和国家领导人，就批准引进彩色显像管生产技术和设备，并于同年12月初至1974年年初，派出12人考察组赴美国考察。受到康宁公司的热情接待，出于对中国人民的友好情谊，该公司送给考察团成员每人一只象征“吉祥、幸福”的玻璃制蜗牛作为圣诞节礼物和考察纪念。不料考察团回国之际，正值“批林批孔”阴风四起，江青获知蜗牛礼品之事后，如获至宝，竟然背弃自己曾在引进请示报告上画圈签署“拟进”意见的事实，大骂引进的决定是屈服于帝国主义的压力，是“卖国主义”，是“永远在别人的后面爬行”，甚至公然命令要把那些蜗牛退到美国驻京联络处去。尽管在周总理的直接关怀重视下，使蜗牛事件真相大白，江青的阴谋不攻自破。1975年8月，李先念等中央领导再次批准引进彩色显像管生产技术和整套设备，但终因“四人帮”

的干扰破坏，使这个孕育在动乱年代的“难产儿”，足足怀胎三年又五个月，仍然不幸“胎死腹中”。

物换星移，岁月匆匆。直至粉碎“四人帮”后的1977年4月，党中央和国务院才正式批准恢复引进成套设备和技术项目，并列为“六五”重点建设工程，从而宣告了“闭关锁国”时代的结束，标志着中华民族踏上了一个新的历史征程。

十一届三中全会的东风

党中央和国务院关于恢复彩色显像管成套设备和技术引进的决定，打开了对外技术交流的大门，经过深入地考察、座谈、询价、报价、分析比较，在充分占有大量第一手资料的基础上，1978年5月19日至7月28日，我国先后与大日本涂料公司、日本旭硝子株式会社、网板公司、日立公司分别签订了荧光粉、玻壳、平板荫罩和彩色显像管装配成套设备和技术引进合同，标志着此项引进工程的最终确定。

在李先念同志的亲切关怀下，在科研、设计、勘测、基建等部门的共同努力下，孕育滋养了灿烂的华夏古文化、又有众多的名胜古迹的古城咸阳，以其土地平坦，交通便利，水质良好等优良条件，于1978年7月被国家批准为正式厂址。

十一届三中全会的东风又给多灾多难的彩管建设工程巨大的力量和鼓舞，使这座彩色显像管综合企业于1979年4月打下第一桩，来自全国各地的上万名工程建设者云集咸阳，开始了紧张的战斗，大家以高度的主人翁精神，克服施工条件差、生活服务设施简陋等种种困难，至1981年5月引进的四个项目的主体工程的土建和安装就基本竣工，前后仅用时26个月，其速度之快，质量之好，使一些外国专家也刮目相看。经过空负荷和负荷试车后，顺利进入工艺认定制作阶段，于1981年10月4日制作出首批质量合格的彩色显像管，累计用时2年6个月时间。1982年12月3日，国家验收委员会正式通过验收，交付生产；

年底，试生产的14寸和22寸彩色显像管，就荣获中国电子器件质量认证委员会颁发的“辐射”和防暴安全性合格证书；1983年初正式投入生产，投产当年就创造了投产当年盈利，当年产品质量创优，荣获陕西省优质产品质量称号和国家经委颁发的优质新产品“金龙奖”，并于当年打入国际市场，及当年达到月产设计水平的好成绩，这不能不说是改革开放的硕果，是我国建厂史上的奇迹！

海内外的赞誉

陕西彩色显像管总厂宛若镶嵌在八百里秦川的一颗璀璨的明珠。第一期工程占地面积120万平方米，比北京故宫博物院还大47万平方米，这是我在撰写电影《陕西彩色显像管总厂》解说词时专门赴京查证的数字，也是为了向中央领导汇报时直接对比的数字。建筑面积40多万平方米。放眼望去，生产区厂房林立，烟囱高耸，巨大的罐体分布其间，有的如耸立云间的古塔，有的似破土而出的蘑菇，有的像光华熠熠的多棱镜，有的仿佛雕镂精致的艺术品；厂区内外绿树环绕，草坪如茵，环境优美，景色如画。生活区各种建筑风格各异的福利设施错落有致，彩虹宾馆、俱乐部、游泳池、体育馆、文化活动楼、生活服务楼风格各异；托儿所、婴幼院、职工医院、子弟中小学、教育中心又别具一格；特别是供职工休息娱乐的彩虹山，集名山胜景于一体，有的作凌高欲飞之势，有的作落地生花之态，与厂区的彩色喷泉一道，是咸阳市有名的风景线，使人流连忘返！如果说昔日的阿房宫代表了封建社会的豪华和奢丽，现今在阿房宫遗址上兴建的彩虹城，则充分显示出80年代社会主义新中国的伟大与文明！

全厂分总装、玻璃、荧光粉、荫罩和动力等一整套生产和辅助生产设施，是一座多学科密切配合、互为一体的现代化工厂；工艺组合复杂精细，设备技术先进科学，工程配套齐全配套，自动化程度高端精细，是全国同行业当时独一无二的！日本日立公司董事浅野说：“兵马俑的发掘和咸阳彩管厂同时问世，一个古代文明之大成，一个现代技术之精华。”日立社长三田胜茂先生说：“总厂设下这么多分厂和车间，在日本不可设想，工厂布局宽敞合理，将来扩建余地大，不愧为世界瞩目的最大彩管工厂。”

工厂从建厂到1989年，共荣获省级文明单位、文明企业，全国思想政治工作优秀企业等省、市以上荣誉称号100多项；1984年更是工厂历史上硕果累累的一年，全年生产14寸和22寸彩管964534只，超过了年产96万只的设计能力；金秋九月彩虹牌彩管荣获国家金质奖的喜讯传遍了祖国大地，飞向了五洲四海。中外专家连声称赞，贺电、贺信纷纷扬扬而来。世界上电子工业的权威厂家之一的美国RCA公司，在全面测试了彩虹牌彩管的各种技术参数之后，该公司的哈特博士写来信说：“这个管子质量很好，可与我们测试过的日本和美国的管子竞争。外观检查没有斑点，光输出（即亮度）比我们通常见到的高10%。”在当时的产品竞争达到白热化的80年代，如此权威的公司是绝对不会轻易赞扬一个新的竞争对手的！可见彩虹建厂工程的成功和优秀！

前西德律风根无线电公司也是世界上著名的电子企业之一，他们受北京电视机厂的委托，测试了彩虹牌彩色显像管的相关性能后，认为质量完全达到了世界同类产品的先进水平，并同意该厂使用彩虹牌彩色显像管装配，彩色电视机出口西德由他们经销。彩虹牌彩管在香港也早就成为热门货，1983年就出口到香港市场，并小有名气的陆氏公司对彩虹牌彩管的测试结论是“可与荷兰飞利浦彩管（世界名牌之一）相媲美。”从1982年6月起，该公司就签订了进口彩虹牌彩管的合同书，使用彩虹牌彩管装配彩色电视机。上海电视一厂使用彩虹牌彩管装配的金星牌彩电，在国内外市场上享有盛名，不仅畅销全国各省、市、自治区市场，还出口泰国、芬兰、丹麦、西德、挪威等十多个国家和地区。1984年3月在泰国曼谷城，连经销店的老板也特地留了一台，作为令闺的结婚嫁妆。更令人叹为观止的是1984年5月2日，四川省彩都县高家镇燃料建材商店，于1983年购买的一台彩虹牌彩管装配的牡丹牌TC-4839彩色电视机被盗后，一个月后，三个小孩在长江边游泳时，意外地在水下沙滩中发现，经过清洗泥沙，烘干并调换了被江水泡坏的扬声气喇叭纸盒和音圈后，人们惊奇地看到，与新机子相差无几！它确确实实是我们陕西省乃至我们国家的名牌产品，是我们国人的骄傲。

80 年代的发展

彩虹人没有在成绩面前停步不前，更没有辜负中央领导的殷切希望，在辉煌中再飞跃，在前进中创新绩，受到了党中央、国务院和电子工业部的高度重视和鼎力支持。时任电子工业部部长的江泽民，1983 年 10 月在电子工业部呈报国务院关于彩虹二期工程建议书时，明确批示“把彩虹二期工程建设项目列为电子部的第一个必保项目”。十年后的 6 月 11 日，江总书记在视察彩虹时，不仅对彩虹的管理和发展给予高度评价，还欣然命笔，挥毫题词“深化改革，转换机制，努力发展彩管事业”。

陕彩总厂一开始，不仅以它巨大的建设规模，过硬的产品质量和出色的经济效益称著于世，充分显示了现代化工厂的先进与文明，而且马不停蹄地在 1985 年就进行了技术改造，新增了 18 寸彩色显像管的生产，填补了我国彩管生产的又一个品种空白，使工厂的年生产能力提高到 120 万只，比原设计水平增加了 24 万只；被列为国家“七五”重点建设项目的彩虹二期扩建工程于 1990 年 3 月建成投产，产品品种在原来的基础上增加了 47 厘米细管颈和 51 厘米平面直角两个新品种，年产量增加到 290 万只，使我国的彩管生产有了一个巨大的发展，名列世界前茅；工厂建设面积也新增 60 万平方米，达到 162 万平方米；与此同时，工厂还率先建立起以大中型计算机为中心的计算机管理信息网，从而进一步提高了工厂的生产管理和经营活力及应变能力、经济效益，使工厂达到 80 年代中期 70 计算机管理信息系统水平，得到朱镕基总理的肯定：“现代化的先行，为国争光”！

（牛金鹏　整理）

我也赶上了十一届三中全会以来的好政策

杨景连

1978年的八九月份，西电公司开干部会议，会上宣布了一批工程师的任命，其中就有我。工程师证书是1981年7月15日发的，授予单位是西安市科学技术委员会，但后面的章子印的是国务院科技干部管理局。

事后我想，发证为什么这样晚，因在这之前工厂里还没搞技术职称这类的事情，这可能是受到十一届三中全会改革开放政策的影响。1980年西安市委工交政治部任命我为副总工程师。当时西电公司党委组织部找我谈话（当时一块谈话的还有庞国忠同志，他任命为厂工会主任），谈完话后接着就在公司干部大会上宣布了这一任命。从此后就以副总工程师这一职务进行工作，总师不在就顺理成章地代理总工程师的工作。这样就不能再说什么，后来又任命了两位副总工程师。在副总阶段，主要还是抓现场技术问题的处理，技术改造工作。产品设计及有关技术管理还有其他副总工程师分管。

结合现场技术问题的处理，参与并亲自动手试验钢板机壳工艺，收集数据，确定工艺参数。我有一次到天津出差，顺便到天津微电机厂去看看，正遇上有一次一块参加会议的检查科长，他带我到车间参观，看到了钢板机壳电机，他给我介绍了工艺过程。回厂后我把这工艺情况介绍给模具设计员，设计制造了模具。我们的制造方法和天津微电机厂不同，他们是卷好机壳后把定子铁芯用电焊焊在机壳内，我们是把机壳卷好后焊接好，得到一个具有一定精度的机壳，把带绕组的定子铁芯压入机壳，这样难度就很大，要进行大量的试验。最后的结果虽然不很满意，还是用于了生产，生产了大量的钢板机壳电机。

在当副总时，我利用业余时间，写了200多页的质量管理讲课教材，并用透明纸绘制了图表。在写这份材料时，其中有的图表我亲自做了试验，用规定数量的大米粒，再按规定的数量把大米粒涂上颜色，按规定抽取，虽然搞起来很麻烦，但夜深人静，当作出的结果与书上写的基本相符，心里也感到很高兴。利用本教材讲了两期学习班的课，别的同志也利用本教材讲过一期的课。这本资料，在评高工时会同别的材料一块上交，作为申报高工的论文材料。

1981年9月第一机械工业部电工总局聘任我为电工技术委员会电机技术委员会控制电机分技术委员会委委员。1981年5月10日至7月20日参加一机部组织由天津财经学院在天津主办的厂长学习班。我们公司各厂都有人参加，他们都是厂长或副厂长参加，电容器厂还有两个中干参加。我们厂可能厂长们都忙，学习时间又这么长，参加有困难，让我参加，这对我也是一次很好的学习机会。

赵广铎厂长在位，不仅是让我参加这次学习班，我记得还有两次代他参加分别在北京和广州开的分马力电机公司董事会议。那时我们副总多，事情不是那么忙，能为厂长分担一点应酬的事务也是必要的，同时也感到这是厂长对自己的信任。这次学习班学的内容总的是企业管理，还专题讲了财务管理和质量管理。对我来说感到学习很轻松，可大部分是年龄比较大的厂长，学习还是比较吃力，我还经常和我们公司年龄大的老同志具体探讨学习问题。

在赵广铎任厂长这几年，总工程师在就协助总师处理现场技术问题，总师不在就全面管起技术工作。总的说来，这几年赵厂长工作计划性强，管理上还是抓的紧的，技术工作也感到顺利。

1984年厂领导班子全部换成大学生，这可是改革开放以来我厂的一件大事。这不是微电机厂一家，从公司到全公司各厂都全部更换，我厂只留下党委副书记一人。当时我厂的总工程师李振鹏同志，领导班子成立后不久，他就去深圳微电机公司工作，又让我代理总工程师的工作。

这次李振鹏去深圳微电机公司，是西电公司进行改革的一部分。深圳是全国改革开放新建的经济特区，在对内对外的经济政策更有他的灵活性，去了以后的确很快建成了一个技术先进的微电厂。西电公司还在深圳办了高压输变电器进出口公司。

新班子成立不久，正赶上分配新盖的508、509宿舍大楼，我也参加了厂领导班子研究分配方案的会议。分配住房在微电机厂真是个难题，厂领导班子的会议开过很多次，有好几次都晚上开会，一直开到第二天凌晨，甚至有时是凌晨4点，只好出去吃点早点，接着就上班，真是把人搞得疲惫不堪，有苦难言。他们年轻，我已是50岁的人，真有点抗不住。虽然辛苦了，可最后总算把房子分完了，没出什么大的问题，我想这也算是对新班子的一次考验。这次代理总工程师的工作，是从1984年9月代理到1985年6月初（6月1日宣布新任总工程师郑宁），6月5日正式移交工作。

因原新任总工程师李振鹏虽然时间不长，但是他有规划和打算，对原技术改造方案进行了调整，已订设备退了合同，人员和制度也有变更。所以在代理工作一开始，就有维持现状的想法，更没有长远发展的设想，怕给以后的总工程师带来麻烦。开始我就遇到了难于解决的问题，孙兴民同志的功率因数调节器要申请个人专利，要厂里出具证明。我也不懂应如何办，听他讲的也有道理，的确不是在开关板设计的岗位上搞的，而是在动力科电工技术员的岗位上搞的，搞产品不是他职责范围的事，只好按他的意见办，由他申请了个人专利。产品我们厂还是生产了。原来有个同志已搞了一个，没有投入生产，这时另一位同志也搞了一个。难就难在怎么定，总不能一个厂搞几种同样的产品。当时自己感到孙兴民搞的方案也不错，更重要的是他的方案不用搞模具，制造起来方便。当时我就想，孙兴民在设计思路上比较广，采用的都是能外购的零件，如外壳，采用别的厂成批生产的继电器保护外壳，就是里边的变压器，也是采用市场上能买到的变压器铁芯片。他的方案还有个特点，就是有调整延时功能，不作无为的频繁起动。所以当时就定下来生产他这一种，这就引起其他两位同志的不满意。时间不长，孙兴民又提出搞静电补偿装置，这种产品最大的特点是，能过零合闸，解决合闸时的电流冲击。但厂里对发展开关板产品不太热心，可我认为这是一种很好的产品，不搞很可惜，考虑到不占用厂里太多的精力，就定下来搞。实际上以后的工作，都是他一个人在试验室搞，最后是搞成了，但由于造价高，这个产品没有打入市场。

在代理总工程师工作期间，虽然自己能力有限，担当此任有难处，但有几位副总分口，承担了各项工作，他们提出意见我点个头，重大问题和他们一起开会研究决定。我的主要精力放在现场问题的处理，临时任务的处理上。还在厂长授意下，组织有关同志搞了“七五”规划。

新任总工程师郑宁工作后，分工我管开关板和“七〇四”的现场技术问题，并随时完成交办的临时任务。

1987 年 8 月，总工程师确定我协助他抓技术改造，重点抓开关板的三台引进设备，从这以后的技术改造，在改革开放的政策指引下，敢于想引进国外先进设备了。还要抓“七〇四”的工作。“七〇四”军转民措施计划以前报的都是大计划，军工局都没作任何批复。到了 1987 年，军工局把各省市的贷款确定了。从省计委军工办得到消息，陕西省两个单位给了 250 万，要重报计划。向厂长请示我们怎么办，厂长没有表示，我只好又写了个泵电机引进设备的计划，报给厂长他就签发了，就把这一计划上报，最后省上只给了我们 70 万，多次争取，意思是我们报的晚了，只能给这么多。这笔贷款 1987 年 9 月进入我厂账号。

“七〇四”生产线已处于封存阶段，按军工局的布置要求，就是动态保存生产能力（即在军工线上，搞军转民产品，又保存好生产线），在这期间，组织搞了两次保存生产能力检查，建立了生产线设备及其工艺装备的明细资料，并上报军工局。

“七〇四”动态封存，冰箱泵电机生产量逐渐增加，但生产很不稳定，厂里组织攻关小组，要我也参加这个小组，主要是对冰箱泵电机定子铁芯垂直度、叠压焊接和测试方法的攻关，经过同志们的努力，最后达到基本适应生产，完成了生产指标，并获得西电公司科技进步奖。

这个奖项应是他们的，他们做了大量调研和实践活动，因为有时想了解点一手材料，也和他们下过车间，和他们开会研究出点主意，这本是作领导应该做的，可他们上报时也报上了我的名字。

协助总工程师抓技术改造，当时的技术改造工作，重点是开关板的三台引进设备。从方案的研究论证，最后确定设备的规格及引进的国家。还要研究确定场地的调整、厂房的改造等问题。这次的改造，领导的思想打破旧框的束缚，改革开放，引进国外的先进技术。方案确定后就是与外商谈判签约。由我带队去北京与外商谈判，1987 年 12 月 22 日前三台设备都签订了合同，设备价格都完全满足厂领导给的限额。在北京期间，关于数控冲孔机的引进，我们已与意大利厂商的代理多次接触，看了设备使用情况的录像，我认为该设备比较理想，因它的模具储藏仓容量比较大，可容纳 50 套模具，从录像机床运行情况看，加工的板面的大小，也适应我们的要求规格。这种机床也是我国正在研制开发的项目，也制造出了样品，北京开关厂有一台正在使用。我到北京开关厂看了我国研制的第一台机床。我们很想与他们进一步商谈，可总工程师郑宁又派两位同志来京，并且说，郑总的口谕，一定要西德的机床，可西德机床的模具仓只有 7 套模具，但来人又把话说得这么死，只好约西德厂的代理商来京谈判，与他们签订合同，北京的任务总算完成。回厂后马上与香港联州公司谈判压铸机的引进合同，年底前总算完成了最后的签约。

1988 年 6 月 27 日厂长办公会决定郑总集中精力抓技术改造，要我协助他抓生产现场技术问题的处理。但郑总仍然抓住我不放。7 月 30 日至 8 月 22 日，又去深圳深西公司验收引进日本黑田公司的泵电机定转子高速冲模。这次模具验收中问题不少，首先就是安装尺寸与冲床不符，由深西公司帮忙加工，我也参与，加班加点地干总算修改完成可以上床子干了。因冲片尺寸事先都在提供的样片上检查过没有问题，试冲的定转子铁芯也能正常的传送出来，但铆合力事先没有准备好如何检查，但又担心有问题迟迟不敢签字，外商就有意见，说什么要找裁决单位解决，在他催促下只好签了字。这次使我深深感到经验不足，准备不充分，这次工作没做好。这套模具的引进，是因看到深圳微电机公司引进的高速冲床在技术上是先进的，是想借鸡生蛋，自己引进冲模，利用深圳的冲床冲制电机冲片。

压铸机1988年10月21日进厂，商检、安装调试要我参加。压铸机的调试中出现问题较多，压铸机的调试中，发现转子压铸后外圆有渗铝现象，这是因采用外圆不加工，冲片额部太窄，渗铝恐怕难以解决。我提出，仍改回转子外圆加工工艺，修改定转子高速冲模的转子冲片外圆尺寸，来解决渗铝问题。但还有模具粘模，经多次试验，问题仍然解决不了。外商调试人员最后也无法解决。经与香港联州公司多次谈判，他们也不同意退回模具重新制造，他们同意退还一部分费用，模具由我厂自行解决。模具虽有些问题，我们还是用于生产，只是中间要修理，耽误时间，就这样对当年泵电机完成任务起了重要的作用。香港联州公司退还的这些款，设想是用来解决泵电机定转子高速冲模的返工修理费用。

1988年12月去深圳与外商谈判模具修改问题。1989年3月再次去深西公司验收修改的模具，并用此模具批量生产定转子铁芯。生产量大了发现模具存在问题，定子铁芯有一齿毛的问题，与深西公司研究解决了；又发现定子冲片铆扣孔凹模裂纹的问题，致使模具不能使用。我认为这属模具设计问题，铆扣孔离边缘太近，并且方孔的四角有退刀槽，造成应力集中所致。问题发生后与外商多次联系，他们也不来解决问题。后与深西公司研究自己制造两块碳钢的凹模，铆扣孔的工艺也改进了，虽然不如硬质合金的好，但也能使模具正常生产，只是在模具“刃磨”寿命中间（100万次）要换一次扣片孔的凹模。通过这件事，深深的感到，模具的验收必须有一定冲次，量小了发现不了问题。总结教训今后模具的验收要有准备，全部付款要有条件。若无条件进行大批量，或者时间长不好办理，应在合同中规定验收的程序和方法，并规定全部付款的条件。绝不能只冲少量，或还不到一次刃磨寿命就签字验收，全部付款。不仅进口模具如此，国内模具也要如此处理。

这套模具的方案论证不够，两个问题，一是转子外圆不加工没有这方面可以借鉴的经验，就这样定不来是不够慎重；二是与这套模具外形和内孔完全一样，只是槽的布置是水平不是径向，已有人用水平布置的冲片做过试验，电机容量大于径向布置的冲片，而且这种电机也有需要量，若定这种模具可以满足两种电机，没有用这种方案而是用了径向布置的，这样的决定也是仓促的。

开关板三台数控设备，也在 1988 年 10 月份相继进厂，从设备的向厂里拉运、商检到安装调试，还要我参加。剪板机进厂后发现包装箱破裂，担心里边设备有问题，我到现场测绘了包装箱，写了分析报告，以备外商来调试时设备如有问题好与他们交涉。还比较幸运，在调试设备时，经检查只是轻微碰伤，经调整修理问题就全解决了。这三台设备在 1989 年 2 月 28 日经西安市经委组织验收，正式交付生产使用，在抽屉柜的生产中发挥了作用。数控冲孔机用于生产后，会同模具设计员对模具进行测绘，工具科制造，进行模具国产化的试验，基本上可以满足生产的需要。

1988 年 12 月我被批准为高级工程师。1989 年与西德凯撒公司谈判引进 200 吨高速冲床。在这之前我还参加了该公司在上海举办的技术座谈会，技术问题已进行了广泛的交流，故这次谈判比较简单，在价格问题上谈的比较多，我们的控制指标是不超过 40 万美元。1989 年 2 月 1 日正式签约（交货期：1989 年 7 月于西德口岸装运），价格为 750000 马克（按当时外汇牌价不超过 40 万美元）。我们是先引进了模具后引进冲床，所以冲床的有些技术规格必须满足模具的要求，如闭合高度、送料高度、供气管道的设置，特别是模具的安装尺寸，这些我都做了详细的准备，提供了详细的资料。

1989 年 5 月，会同唐总经济师去绥中电机厂进行考察，确定与该厂合作生产新系列分马力电机，我们厂在技术上帮助，质量上监督，他们生产的电机钉我厂的铭牌。经考察，给他们提出生产线必须改进的地方。这也是西安微电机厂扩大经营的改革措施之一。之后，我又和王运兴同志去过两次，并与王运兴同志对他们的电机质量进行全面检查，提出问题要他们改进。厂里还派人帮他们安装调试压铸机，并传授压铸技术。关于如何与绥中电机厂供应铭牌厂里委托厂科协技术服务部具体操作。我和王运兴第二次去时，还去了大连，目的是参观大连电机厂的电机生产线，更主要的是看“高速冲级进模”的生产线。因当时我厂正在引进线切割机床和“冒尔磨床”，我想看大连电机厂用的是哪国的设备。他们用的都是日本设备，两台设备价格在20万美元左右，设备能满足模具生产的需要，他们也生产了几套模具。看完后我就急忙赶回西安，想向厂长汇报也按他们的干，因我厂还有20万美元的外汇。可当我回到厂，线切割机床已与瑞典签约，价格20多万美元，这就没有可能再引进“冒尔磨床”了。美国有一台供实习用过的“冒尔磨床”，我曾委托西电公司驻美国工作人员去了解过，也寄回来过加工的样品，价格10万美元能拿下来，若能搞一台10万美元的线切割机床，这有多好。瑞典机床已签约，可这已成事实，无法挽回，白忙一阵，感到非常的遗憾，没能实现这一大的改造计划。若“冒尔磨床”和线切割机床同时进厂，在我们工具车间原有水平的基础上，模具生产能力将有个质的转变，逐渐地生产“高速冲级进模”。这不仅是满足我厂的需要，而能逐步进入社会，我们的工具科发展前景是广阔的。

1989年7月中，我带团组去西德验收高速冲床。参加的人有机械动力科周积惠，技改基建科杨士德，车间工人王勤生，西电进出口公司张鸿毅。为使我们厂的三位同志对高速冲床有个进一步的了解，出去前顺便到深西公司参观了解高速冲床使用情况，然后再回到广州启程。早上一早乘飞机到香港，在香港机场待了一天，晚上10点左右又乘坐飞机飞往法兰克福，当我们到了西德凯撒公司，正是他们那里的早上，由于时差的关系我们已经一天一夜没休息了，为了赶时间没有休息，吃过早点就开始工作了。这次验收设备，发现有几个问题：1. 机床的送料高度达不到要求；2. 为模具需要增设的送气管道没装；3. 备件缺项。提出后，当我们第二天再看都已解决。关于操纵台由原要求的悬挂式改为可移动式操纵台，我们认为其性能不变也就同意了。还检查了几项有关的精度，完全符合要求。除了检查设备，更多的是进一步探讨技术上的问题，特别是关于操作方面的问题。凯撒公司销售经理还带我们去参观了一个模具制造公司。在这里看到他们的设计人员在电脑上绘图，然后在绘图机上把图纸打出来。看他在绘图时在一块板上随便画条线，将它输入，在显示器上显示的是一条正规的图纸所要的线条，感到这很方便。这事启示了我，在2003年买电脑时也要了手写板，但不是用于画图，而是用于写字，解决了我这个不会汉语拼音打字的问题。

该公司在一个小镇上，上班下班，也看不到什么特别的景观，使人感到人很少，很安静。有时晚饭后到街上走走，商店都关门，橱窗和大门也没有防盗网那样的设施，据港商讲主要依靠电子报警装置。这里的商店和工厂一样上班下班，星期天休息，而都是双休日，使人不能理解，上班家族如何到商店采购东西。接待我们的是来中国和我们签约的销售经理，从始到终都是他陪同，他开车。可能是为了让我们生活的好一点，每次吃饭都换个地方，每个饭店都不大，西餐比较简单，换来换去都差不多一个样。人们都说西餐不好吃，我倒无所谓，每天也不知吃饱了没有，但也没有感到过饿，这可能是心情紧张，也可能是肉食的关系。这位经理开车比较文明，从来不见他按车喇叭。有一次前边有辆拖拉机，速度很慢，他就跟在后边慢慢地走，直到有条件时才超车过去。这一点在国内少见。行人也很注意交通规则，从不闯红灯。他们这里还有个特点，路口的指示灯架立杆上有按钮，确认没有车辆过来，行人可将红灯转换成绿灯而过马路，这可能是因在小镇子上才这样。

我们在这里只有五天的时间，事情办完还是这位经理送我们。送我们是沿着莱茵河畔走，这也算是让我们观光。沿途看看，风景倒是不错，还照了几张照片以作留念。这一路用了近一天的时间，傍晚送我们到法兰克福，安排我们住好，他就算完成任务了。第二天可自由活动，已买好第三天下午的飞机票，第二天是星期天，想逛商店买东西是不行了，只能到街上去走走。因我走路不行，和他们一块出去会拖他们的后腿，我就独自一个人在旅馆看电视睡觉，出去的人每人发 40 马克的经费，我不出去还可节省钱。我也不懂如何处理这类问题，这样处理也不知道是否对。第三天上午大家急急忙忙地去逛商店，下午就乘飞机走了。这次回来还要到曼谷转一次飞机到香港，去时是香港直达法兰克福。

高速冲床 1990 年 1 月 13 日进厂，5 月调试完成。调试是西德凯撒公司来了两位专家进行调试。调试完后就用于生产，为泵电机上产量发挥了作用。设备没正式移交前，我一直担心着，因这台冲床，有好多数据都是我提供的，因在深圳验收模具时出的那些问题，又怕在高速冲床上重演，调试完没出任何问题，这才一块石头落地，放心了。11 月厂内验收移交固定资产。

高速冲床进厂后的安装，场地的调整和改造，这些工作都和大家一起搞，同时进行的，还有为高速冲床准备卷料的硅钢片开卷机的安装调试，也一块参加工作。

开关板、压缩机电机两个改造项目，公司委托第七设计院做可行性研究报告，在七院做报告中，随时配合他们搞资料，并参加评审会议。

以上技术改造共引进五台设备，在空调泵和开发抽屉式开关柜发挥了重要作。这都是十一届三中全会后的好政策，才能这样做，否则那“崇洋媚外”、“洋奴哲学”、“资本主义”的大帽铺天盖地向你扑来。只有有了中央的好政策，才能办成大事情。

作为副总工程师，就是协助总工程师工作。我的宗旨就是对总工程负责，一切听从总工程师的安排。在整个副总工程师阶段，除了总工程师不在家时代理他的工作外，就是按总工程师的安排，协助他负责某些具体的工作内容，不同时期有不同的安排，变动也比较多，但都按我的宗旨去做了。

1992 年退二线，厂里任命我为技术顾问。当时退二线的技术口还有总机械动力师陈永安，行政口的有厂长刘持秀，总经济师唐志勇。厂里给了两间房子，分别挂了技术顾问室和经济顾问室的牌子。退二线后就基本上没事可做，经常到经济顾问室闲聊。有的人退二线后基本上不到工厂上班了，我还是坚持准时上下班。没事可做，有一次别人设计的泵电机清洗流水线的图纸拿来看，发现其设计端部有问题，当时不敢轻易下结论，我就按一比一的比例把端部的图画出来，证实确实存在问题，给他们提出后，他们都同意我的意见，他们让我把这一部分的图纸重新给他们画出来。这时设备已投入加工制造，我得赶紧把图纸画出来，不要影响工程的进行。这样可避免因此而造成加工完再返工。与该设备同时进行的，还有检查科负责设计的电机测试流水线，我也把图纸要来，仔细地进行核对，也找出不少的差错，一一进行修改，避免施工中的浪费。

在退二线这段时间，陈永甫副厂长有时想搞点什么，找人画图不方便，就让我给他画图纸。1992 年 4 月还针对厂里生产经营各方面的情况，写了一份顾问报告。还代表厂到济南市参加过一次分马电机经营方面的会议。这次会议，是电工局有一个干部挂职到济南机电局工作，想成立电机联合经销部，要电机生产厂提供产品。我在会上按会议要求，填报了我厂电机的生产情况。会议组织了游泰山的活动，因 1953 年游过泰山，吃过苦头，所以就没参加，利用这个时间访问老同学。这次参加这个会，是和刘持秀厂长同时出发，他是去大连参加另外一个会议。我们同到济南，他看望一个老朋友后，再从济南到烟台乘船到大连，这样走也还方便，对我来说，一路也有个伴。

在这期间，我和刘持秀厂长还陪同熊观银书记到深西公司参加过一次董事会。这时的深西公司正处于收缩阶段，如何把公司转让出去。这次去的目的是厂里想把深西公司的高速冲床能搞一台回来，但经接触没有这个可能。让我去的原因，是因在厂里没事，更重要的是我多次去深西公司办事，加之我早就与总经理李振鹏共事，应该说有感情，好说话。到深西公司李振鹏说过一句话很有意思，“把八贤王派来了。”这次去只是参加了会，想干的事从各方分析下来根本没有可能，因此这事就没提过。

在做顾问工作这两年中，虽没做多少工作，但给了不少荣誉，1993 年和 1994 年都评为优秀共产党员，特别 1994 年还评上公司级优秀共产党员。1994 年 4 月 28 日正式离休。这一天厂领导亲自主持召开了告别座谈会（同时还有顾德金同志），在会上领导也语重心长地说了一些话，当然也让人感动。会后厂部办公室又搞了酒席，一是庆贺生日，二也算是告别，这也让人备受感动。

我想虽然按规定 60 岁就要退出工作岗位，但觉身体情况还能干点事，还可以发挥点余热，告别座谈会刚开过，第二天当时在专用电机厂任厂长的付金柱同志找我谈话，要我到专用电机厂去工作。我说陈厂长交办的事还没办完，厂里不知有没有事，我说等些时候再说。付金柱同志讲，你“五一”后就到专用厂上班，厂里有什么事继续做，不仅是你，就是我厂里有事也要无条件地去做（因这个厂是微电机厂办的小工厂）。事情就这样定下来了，五一节后就到专用电机厂上班了。

到专用电机厂上班后，继续完成陈厂长交办的事。专用厂的工作，技术上所有具体的工作都要做，大量的是绘制产品图纸和工装图。因为是专用电机厂，就要按用户要求制造他们所需要的产品，用通用电机改变各部分的尺寸来满足用户的需要。

总厂的高速冲床发生故障，不能进行速度调节。厂里要我一块研究，专用厂也准许我回去，应了他开始答应的那句话。这次耽误的时间有半个多月。

经过同志们的共同努力终于圆满地完了修理任务。这次修冲床厂里给了奖金，也给了我一份，年终，厂工会总结评比，还给我发了奖品。

除在专用电机工作外，还到山东潍坊安丘市机箱厂工作近四年，这个厂都是给个体小工厂配套制造小的电器箱，使人感到，现在的农村不仅在农业上求发展，也在发展工业生产，这不仅能增加农民的收入，更重要的是对整个国民经济的发展起到辅助作用。

2005 年，微电机厂改制为民营企业，离退休人员和内退人员由西电公司接收管理，我们离休人员成立有离休党支部，由原微电机厂党委书记常焕新担任离休支部书记，我是五名支委之一。

（牛金鹏　整理）

后 记

为庆祝改革开放40周年，原中央党史研究室组织地方党史部门对征集到的一些领导同志、亲历者的口述史进行整理，选取反映地方贯彻落实党中央改革开放重大决策部署中具有全国意义或地方特色的典型事件的史料，编辑为“改革开放口述史”丛书。

本丛书在策划、选稿、编辑、出版过程中，得到各位作者和地方党史部门的大力支持。原中央党史研究室主任曲青山和副主任吴德刚给予了精心指导，并分别担任编委会主任和副主任。中共党史出版社的领导和编辑们为本丛书的编辑、出版付出了艰辛的劳动。在此表示衷心感谢。

由于工作繁忙，编辑时间紧迫，编者水平有限，书中难免存在不当之处，欢迎广大读者提出宝贵意见。

编 者

2018 年 11 月